U0442854

中央党校（国家行政学院）马克思主义经典著作研读系列丛书

总主编·李海青

《新民主主义论》导读

XINMINZHUYI LUN DAODU

韩晓青 著

中共中央党校出版社

图书在版编目（CIP）数据

《新民主主义论》导读 / 韩晓青著 . -- 2 版 . -- 北京：中共中央党校出版社，2022.10
（中央党校（国家行政学院）马克思主义经典著作研读系列丛书 / 李海青主编）
ISBN 978-7-5035-7439-9

Ⅰ. ①新… Ⅱ. ①韩… Ⅲ. ①《新民主主义论》—毛泽东著作研究 Ⅳ. ① A841.24

中国国家版本馆 CIP 数据核字（2023）第 108800 号

《新民主主义论》导读

责任编辑	任　典
责任印制	陈梦楠
责任校对	王明明
出版发行	中共中央党校出版社
地　　址	北京市海淀区长春桥路 6 号
电　　话	（010）68922815（总编室）　（010）68922233（发行部）
传　　真	（010）68922814
经　　销	全国新华书店
印　　刷	北京盛通印刷股份有限公司
开　　本	710 毫米 ×1000 毫米 1/16
字　　数	109 千字
印　　张	13.75
版　　次	2022 年 10 月第 2 版　2022 年 10 月第 1 次印刷
定　　价	35.00 元

微 信 ID：中共中央党校出版社　　邮　　箱：zydxcbs2018@163.com

版权所有·侵权必究

如有印装质量问题，请与本社发行部联系调换

中央党校（国家行政学院）马克思主义经典著作研读系列丛书

出版前言

中央党校思想库丛书·研读经典系列即将再版，说明该系列丛书还是受广大读者认可的。经典之为经典，就在于永恒的思想魅力，包括其提出的问题、思考问题的方式、解决问题的方法以及对于问题的深入探索。如果说马克思主义中国化时代化的最新成果是"潮头"，马克思主义的经典著作就是"源头"。只有认真研读"源头"，才有可能打通马克思主义道统的思想脉络，切实理解"潮头"。把握"源头"最有效、最根本的方式还是扎扎实实、原原本本地阅读原著，但马列主义经典著作卷帙浩繁，有的还颇为晦涩，对于广大读者尤其非专业读者而言要想原汁原味地体会、把握其中的思想还是具有一定难度。在这种情况下，阅读相关的导读不失为一条相对的捷径。当然，任何导读都不可能完完整整地呈现原著的内容，每个作者也都有自己的研究领域和研读视角，其理解也都受到自己研究水平和思维视野的限制，但一本较为系统、专业的导读还是可以让读者对经典著作的写作背景、基本内容与历史意义有一个大致的把握与了解，甚至在某一个或某几个点上形成深刻的印象。就此而言，经典著作的导读也发挥着非常重要的马克思主义大众化功能。有兴趣的读者或相关的研究者，可以通过导读再去深入研究原著。

在原著与导读的研读过程中，经常碰到的一个问题就是如何把原著的结论对应于现今的时代。毕竟原著写作于特定的时代，有些观点和论断带有很强的时代性，甚至某些原理性的论断也带有时代的烙印，这种情况下，我们如何对待这些观点与论断呢？根据我自己的体会，根本的一点还是要坚持我们党实事求是的思想路线：一切从实际出发，理论联系实际，实事求是，在实践中检验真理和发展真理。党的思想路线是我们党在长期革命、建设与改革进程中得出的宝贵经验总结，是党认识问题、分析问题、解决问题所遵循的最根本指导原则，是党制定政治路线、组织路线和各项方针政策的基础。党的思想路线实际上表明，不能预设任何理论的全部正确性、绝对科学性和完全真理性，任何的理论都需要放在现实实践中，针对一定阶段的社会主要矛盾和时代重大课题，以我们正在做的事情为中心，来进行应用、检验和发展。实际上，这也是马克思主义创始人始终明确强调的态度。纸上得来终觉浅，绝知此事要躬行。只有经过实践的应用、检验，理论的正确性与局限性才能得以明确，理论本身也才能得以创新发展。当然，这种应用、检验必须在深入把握具体实际的基础上，比如社会的生产力水平、生产关系结构、阶级阶层状况、人民群众的实际需求、社会的文化思想状况，等等。而这就需要做大量的、深入细致的调查研究工作。特别是，在理论应用于实践的过程中，还应建立有效的评价与反馈机制，这样有利于保证即使理论本身有局限或应用有失误，但不至于造成大的挫折与偏差，而这又与体制机制的健全完善高度相关了。就以上而言，要形成理论与实践的良性互动，并非易事，而是涉及思想认识与制度建设等多个方面。进而言之，党的思想路线不仅适用于马列经典著作，也适用于党的任何创新理论。归根结底，还是毛泽东在《反对本本主义》中指出的："我们需要'本本'，但是一定要纠正脱离实际情况的本本主义。"

"研读经典系列"再版之际，个人一点学习体会，也权作新的总前言！

李海青

中央党校思想库丛书·研读经典系列

总　序

通过不断学习马克思主义理论,特别是学习马克思主义经典原著,逐步认识到马克思主义的科学性、共产主义事业的崇高性、以人民为中心的价值性,做到"不忘初心、牢记使命",是党员干部加强理论修养和党性修养的必由之路。领导干部要想弄清楚什么是马克思主义,要想真正做到不忘初心,就要聚精会神攻读原著,原汁原味体会原著。恩格斯谈到学习《资本论》时曾说:"对于那些希望真正理解它的人来说,最重要的却正好是原著本身。""研究原著本身,不会让一些简述读物和别的第二手资料引入歧途。"读原著必须静心、专心,毛泽东同志曾深有体会地说,学习马列主义不能像看小说那样,一目十行,走马观花,而要一句句、一段段地认真思考,用心领会,要经常读、重点读,特别是马克思主义经典著作,要反复读。他自己读《共产党宣言》不下一百遍,感到每阅读一次,都有新的启发、新的收获。

习近平同志非常重视领导干部对马克思主义经典著作的学习与运用。把学习和研读马克思主义经典著作看作是深入理解、掌握马克思主义基本原理的前提条件和重要途径，是习近平同志的一贯主张。他郑重指出，时代在变化，社会在发展，但马克思主义基本原理依然是科学真理。尽管我们所处的时代同马克思所处的时代相比发生了巨大而深刻的变化，但从世界社会主义500年的大视野来看，我们依然处在马克思主义所指明的历史时代。因此，他多次强调，要"精读马克思主义经典的代表性著作，追本溯源，把握马克思主义基本原理"。

认真学习马克思主义理论，是我们做好一切工作的必备条件，也是领导干部必须掌握的工作制胜的看家本领。我们要立足时代特点，推进马克思主义时代化，更好地运用马克思主义的立场、观点、方法观察时代、解读时代、引领时代，真正搞懂面临的时代课题，深刻把握世界历史的脉络和走向，就必须从经典理论出发，立足我国实际，聆听人民心声，回应现实需要，深入总结实践，实现马克思主义基本原理同当代中国具体实际相结合，不断提高全党运用马克思主义分析和解决实际问题的能力，不断提高全党特别是领导干部的理论思维能力和思想政治水平，把科学思想理论转化为认识世界、改造世界的强大物质力量，坚持和发展新时代中国特色社会主义，为发展马克思主义作出中国的原创性贡献。

为了帮助党员干部更好地学习马克思主义经典原著，中央党校科研部资助出版了这套"中央党校思想库丛书·研读经典系列"。参与撰写的主要是中央党校的青年教师。这些教师多年来既坚持不懈地从事马克思主义经典著作研究，也承担着马克思主义经典著作的教学工作，专业理论水平较高，教学科研发展潜力很大。资助出版这套丛书，既有助于发挥中央党校国家高端智库特色和优势，有助于中央党校青年学者的成长、成才，同时也贯彻和体现了中央党校校委倡导的"用学术讲政治"原则。

中央党校科研部

2017年12月

中央党校思想库丛书·研读经典系列

总前言

认真研读经典　掌握看家本领

马克思主义是中国共产党的指导思想,马克思主义经典著作中所阐发的基本原理始终是指导中国革命、建设和改革的强大思想武器,始终是中国共产党人的宝贵精神财富。我们党的几代领导人都高度重视与反复强调学习经典著作。毛泽东同志不仅本人是学习马克思主义经典著作的典范,而且一贯大力倡导与推动党内马克思主义经典著作的学习,亲自选定领导干部的经典必读书目。邓小平同志在南方谈话中强调:"学马列要精,要管用的。"江泽民同志在1996年全国宣传部长会议上指出:"希望党的高级干部多读读《马克思恩格斯选集》、《列宁选集》、《毛泽东选集》和《邓小平文选》等马克思主义著作,熟悉和掌握马克思主义基本原理,善于运用马克思主义的立场、观点、方法分析实际情况、指导工作。"胡锦涛同志同样很重视领导干部对马克思主义经典著作的学习,多次要求各级领导干部必须认真研读邓小平同志著作、江泽民同志著作,同时要有计划地选读马列著作和毛泽东同志的著作。习近平同志也是一直重视领导干部对马克思主义经典著作的学习与运用。他在中央党校2011年春季学期第二批进修班开学典礼上讲话的主题，就是"领导干部要重视学习马克思主义经典著作"。在讲话中，他指出：马克思主义经典著作蕴含和集中体现着马克思主义基本原理，是马克思主义理论的本源和基础。只有认真学习马克思主义经典著作，系统掌握马克思主义基本原理，才能完整准确地理解中国特色社会主义理论体系，才能创造性地运用马克思主义立场观点方法去分析和解决我们面临的实际问题，不断把中国特色社会主义事业推向前进。马克思主义经典著作包含着经典作家所汲取的人类探索真理的丰富思想成果，体现着经典作家攀登科学理论高峰的不懈追求和艰辛历程。阅读经典著作，本身就是增长知识、开阔眼界、增加思想深度和训练思维方式的过程，就是培养高瞻远瞩的战略洞察力和脚踏实地的工作作风的过程，这必然会使我们在潜移默化中受到他们崇高风范和人格力量的熏陶，从而实现自己思想境界和道德情操的升华。在中央党校建校80周年庆祝大会暨2013年春季学期开学典礼的重要讲话中，习近平总书记进一步强调：认真学习马克思主义理论，这是我们做好一切工作的看家本领，也是领导干部必须普遍掌握的工作制胜的看家本领。

中央党校是我们党学习、研究、宣传马克思主义的重要阵地，具有马克思主义经典著作学习研究的光荣传统和深厚积淀。为了帮助党员干部和其他各领域的学习者、研究者更好理解、掌握马克思主义经典著作中蕴含的基本观点、基本原理与基本方法，由我牵头，组织中央党校的部分教师撰写、出版了这套"研读经典系列"。这些教师全部具有博士学位，大多是教授和副教授，在校读书期间一直从事马克思主义经典著作的研究，在中央党校工作期间大都也一直从事马克思主义经典著作的教学，具有较高的专业素养和理论水平。这套"研读经典系列"共有16本，具体包括：李海青所著《〈共产党宣言〉导读》、王虎学所著《〈1844年经济学哲学手稿〉导读》、赵培所著《列宁晚年著作导读》、焦佩锋所著《〈政治经济学批判〉序言〉导读》、崔丽华所著《〈实践论〉〈矛盾论〉导读》、王巍所著《〈德意志意识形态〉导读》、唐爱军所著《〈黑格尔法哲学批判〉导读》、韩晓青所著《〈新民主主义论〉导读》、邓莉所著《恩格斯晚年关于历史唯物主义的书信导读》、孙海洋所著《〈路德维希·费尔巴哈和德国古典哲学的终结〉导读》、袁辉所著《〈资本论〉导读》、徐浩然所著《关于中国革命的四篇经典文献导读》、李双套所著《〈哥达纲领批判〉导读》、郑寰和潘丹所著《〈路易·波拿巴的雾月十八日〉导读》、王乐所著《〈反杜林论〉导读》、王巍所著《〈社会主义从空想到科学的发展〉导读》。这套"研读经典系列"的出版也得到了中央党校科研部的大力支持，被列入了"中央党校思想库丛书"，在此谨致谢意。

马克思主义经典著作博大精深，由于各位作者研究水平所限，这套"研读经典系列"肯定存在这样那样的问题与不足，敬请各位读者批评指正！

李海青

2017年12月

目录

引　言 / 001

第一章　《新民主主义论》发表的历史背景和出版情况 / 001

一、《新民主主义论》发表的历史背景 / 002
二、《新民主主义论》的发表和版本 / 019

第二章　《新民主主义论》的主要内容 / 029

一、《新民主主义论》对新民主主义革命重要问题的论述 / 030
二、《新民主主义论》对新民主主义社会基本纲领的论述 / 047
三、《新民主主义论》对错误思想的批驳 / 078

第三章　《新民主主义论》的伟大意义 / 095

一、《新民主主义论》的理论意义 / 096
二、《新民主主义论》对抗日根据地建设的指导意义 / 118
三、《新民主主义论》的现实意义 / 128

附录　新民主主义论 / 142
后　记 / 193

引言

2021年7月1日，习近平总书记在庆祝中国共产党成立一百周年大会上的讲话中指出："新民主主义革命的胜利，彻底结束了旧中国半殖民地半封建社会的历史，彻底结束了旧中国一盘散沙的局面，彻底废除了列强强加给中国的不平等条约和帝国主义在中国的一切特权，为实现中华民族伟大复兴创造了根本社会条件。中国共产党和中国人民以英勇顽强的奋斗向世界庄严宣告，中国人民站起来了，中华民族任人宰割、饱受欺凌的时代一去不复返了！"[①] 伟大的时代需要先进理论的指导，伟大的时代也为先进理论的产生奠定了现实的基础。同样，先进的理论也为伟大时代提供了重要的理论指导，从而使这个时代更具有自己的鲜明特征。在血与火的革命战争年代，在中国从半殖民地半封建社会向独立自主的新中国迈进的过程中，以毛泽东同志为主要代表的中国共产党人把马克思列宁主义的普遍真理与中国革命的具体情况相结合，开辟了农村包围城市、武装夺取政权的革命道路，最终夺取了政权，使新中国得以成立，实现了中国人民站起来的伟大梦想，并在这个过程中创立了新民主主义理论。新民主主义理论

---

① 习近平：《在庆祝中国共产党成立100周年大会上的讲话》，人民出版社2021年版，第4页。

对新民主主义革命的胜利起到了重要的理论指导作用。

新民主主义理论是毛泽东思想极为重要的组成部分。党的十九届六中全会通过的《中共中央关于党的百年奋斗重大成就和历史经验的决议》指出："毛泽东思想是马克思列宁主义在中国的创造性应用和发展，是被实践证明了的关于中国革命和建设的正确的理论原则和经验总结，是马克思主义中国化的第一次历史性飞跃。"[①] 在毛泽东思想体系中，新民主主义理论是最早形成并且达到成熟的。马克思列宁主义普遍真理同中国革命具体实际相结合产生的第一次历史性飞跃，是以新民主主义理论的形成、发展和成熟为主要成果和显著标志的。以毛泽东同志为主要代表的中国共产党人，以马克思列宁主义为指导，从中国的国情出发，深刻研究中国革命的特点和规律，创造性地提出了新民主主义理论，引导中国革命走向完全胜利，对马克思主义学说作出了独创性贡献。

毛泽东的著作《新民主主义论》是其新民主主义理论的集中体现。这篇著作是毛泽东在领导中国人民进行新民主主义革命的进程中，把马克思列宁主义基本原理和中国革命实际相结合撰写的经典篇章，阐述了中国革命发展的基本规律，描绘了新民主主义社会的蓝图，是对马克思列宁主义的创造性运用和创新性发展。随着中国革命的胜利，1949年10月1日，中华人民共和国宣告成立。到今天，共和国已经走过了70多年的光辉历程。回想70多年前的10月1日下午，一代伟人毛泽东在天安门城楼上向全世界庄严宣告："中华人民共和国、中央人民政府，今天，成立了！"这个洪亮的声音立刻传遍了北

[①]《中共中央关于党的百年奋斗重大成就和历史经验的决议》，人民出版社2021年版，第13页。

京城，传遍了全中国，传遍了全世界。从这一时刻起，中华民族开创了历史的新纪元。

随着中华人民共和国的成立，毛泽东在《新民主主义论》当中所描绘的共和国蓝图逐渐成为现实。具有临时宪章性质的《中国人民政治协商会议共同纲领》明确规定："中华人民共和国为新民主主义国家，实行由工人阶级领导的、以工农联盟为基础的、团结各民主阶级和国内各民族的人民民主专政，反对帝国主义、封建主义和官僚资本主义，为中国的独立、民主、和平、统一和富强而奋斗。""中华人民共和国的国家政权属于人民。人民行使国家政权的机关为各级人民代表大会和各级人民政府。""中华人民共和国经济建设的根本方针，是以公私兼顾、劳资两利、城乡互助、内外交流的政策，达到发展生产、繁荣经济之目的。""中华人民共和国的文化教育为新民主主义的，即民族的、科学的、大众的文化教育。""中华人民共和国境内各民族一律平等，实行团结互助，反对帝国主义和各民族内部的人民公敌，使中华人民共和国成为各民族友爱合作的大家庭。""中华人民共和国外交政策的原则，为保障本国独立、自由和领土主权的完成，拥护国际的持久和平和各国人民间的友好合作，反对帝国主义的侵略政策和战争政策。"[①]新成立的共和国在政治、经济、文化等方面都体现了新民主主义理论的内容和色彩。

随着国民经济的基本恢复，1953年，党正式提出了过渡时期的总路线。党在过渡时期总路线是"一化三改""一体两翼"，它的主要任务是逐步实现社会主义工业化。"两翼"分别是对个体农业、手工业

[①]《建国以来重要文献选编》，中央文献出版社2011年版，第2、3、6、9、10、11页。

和资本主义工商业的社会主义改造。主体和两翼是不可分离的整体。历史证明,党提出的过渡时期总路线是完全正确的。但在社会主义改造的后期存在要求过急、工作过粗、改变过快以及在生产资料所有制形式和经济成分上过于简单划一等缺点。尽管如此,社会主义改造作为一场前所未有的深刻的社会变革,是在保证经济发展、社会稳定、人民群众拥护的情况下完成的,其成就和影响是伟大而深远的。随着社会主义改造的完成,我国社会主义制度建立起来了。在党的领导下,中国这个占世界人口1/4的东方大国进入了社会主义社会,成功实现了中国历史上最深刻最伟大的历史变革。这是一个伟大的历史性胜利,为当代中国一切发展进步奠定了根本政治前提和制度基础。

党的十一届三中全会开启了改革开放新的历史时期。在改革开放新的历史时期,新民主主义理论一度成为学术界和社会上关注的热点。为什么多年以后新民主主义理论会再次引起人们的关注呢?因为随着改革开放实践的不断深入,所有制结构由单一公有制变为多种所有制共存,由此引发了人们对社会主义改造的重新评价。有人认为,当年搞的社会主义改造根本不是搞早了还是搞晚了、搞快了还是搞慢了的问题,而是该不该搞、要不要搞的问题。党的十一届三中全会之后,我们党在农村推广包产到户,允许个体经济和私营经济存在和发展,就证明了当年进行社会主义改造是根本错误的,甚至认为"早知今日,何必当初",主张"再举新民主主义的大旗",回到新民主主义社会。改革开放以来中国社会发生的深刻变革,使党提出的新民主主义理论再次进入人们的视野并成为人们热议的话题。

由新民主主义向社会主义过渡,在中国建立社会主义社会,这是中国共产党的既定目标。新中国成立后,在中国这样一个经济十分落后的国家,中国共产党创造性地成功走出了一条社会主义革命的道路,在保持国民经济稳定增长和获得广大人民群众广泛拥护的基础上,比较顺利地完成了社会主义改造。社会主义改造的完成和社会主义制度的确立,为当代中国一切发展进步奠定了根本政治前提和制度基础。中国共产党领导人民进入社会主义社会,这是一个伟大的历史性胜利,是新中国成立后党和国家历史上一个重要的里程碑。那种"早知如今,何必当初"甚至主张"再举新民主主义大旗"、回到新民主主义社会的主张和观点,都是脱离具体历史条件的事后诸葛亮式的议论,并不符合历史事实,也不能对历史做出合理的说明。

一个理论在提出多年以后仍然会引起人们的广泛关注,这本身说明了新民主主义理论的生命活力。今天,我们重温毛泽东《新民主主义论》这一经典篇章,不但对于理解这一理论自身有着重要的意义,对认识和理解当代中国的方方面面也有着重要的作用。这也是我们在时隔多年以后还要重温这篇经典的意义所在。

第一章
《新民主主义论》发表的历史背景和出版情况

01

《新民主主义论》这篇文章,是1940年1月9日毛泽东在陕甘宁边区文化协会第一次代表大会上的演讲稿。这篇文章的形成有着特定的历史背景,是毛泽东对中国新民主主义革命经验的理论总结,是马克思主义中国化进程中的一次飞跃,是一件前人没有做过的事情。它不仅回答了当时时局中提出的种种问题,而且回答了中国现阶段民主革命和未来建设新中国的一系列根本问题。毛泽东在那个时候写出这篇文章决不是偶然的,而是有着特定的历史背景的。《新民主主义论》发表后,在不同时期,曾经有过不同的版本,几经发展才形成了我们今天看到的版本。

一、《新民主主义论》发表的历史背景

(一)远期背景

《新民主主义论》虽然发表于20世纪40年代,但从更广阔的历史背景看,这一文章是19世纪40年代到20世纪40年代近百年来中国近代革命运动的产物。

19世纪40年代到20世纪40年代这100年间,人类世界发生了深刻的变化:经过18世纪席卷欧美的工业革命,社会生产力取得了巨大的进步,资本主义生产方式有了极大发展。马克思指出:"资产阶级在它的不到一百年的阶级统治中所创造的生产力,比过去一切

世代创造的全部生产力还要多,还要大。"①随着其自身的发展,西方资本主义为了寻求海外市场和原料来源地,掀起了第二次殖民扩张浪潮。同时,西欧北美资本主义的发展导致了空前的内部危机,先后爆发了两次世界大战,给人类带来巨大创伤。当然,这只是世界变化的一个方面。

世界变化的另一个方面在于无产阶级同资产阶级的阶级矛盾日益尖锐,无产阶级对资产阶级的政治和经济斗争更加发展。1917年,俄国爆发十月社会主义革命,建立了世界上第一个社会主义国家,打破了资本主义世界一统天下的局面,形成了无产阶级社会主义革命阵线。

近代以来和世界100年来的变化,极为深刻地影响了中国。西方的第二次殖民扩张浪潮直接冲击中国,外国资本主义侵入了我们这个古老的东方大国。此时,中国社会内部也在发生着重大变化,中国的历史由古代进入近代：一方面,外国资本主义的入侵破坏了中国自给自足的自然经济基础,破坏了城市的手工业和农民的家庭手工业,使绵延数千年的中国封建经济基础解体,给中国资本主义的发展造成了某些客观上的条件和可能,促进了中国城乡商品经济的发展。另一方面,外国资本主义为了倾销商品和输入资本,实现在华的最大利益,又勾结中国封建势力,压制中国资本主义的发展。这样,外国资本主义势力在操纵中国财政和经济命脉的同时,使中国封建经济的根基——封建地主阶级的剥削制度也依旧保持了下来,社会的主要矛盾由封建地主阶级同农民阶级的矛盾变成了帝国主义同中华民族的矛盾、封建地主阶级同人民大众的矛盾。进入近代的中国非但没有变成

---

① 《马克思恩格斯选集》第1卷,人民出版社2012年版,第405页。

资本主义社会，反而逐步变成了半殖民地半封建社会。

中国发生了如此深刻的变化后，其社会发展的主题是什么呢？换句话说，近代中国社会的发展方向又是什么呢？按照马克思主义经典作家关于人类社会发展规律的总结和预见，它仍然必须完成资产阶级民主革命应当完成的历史任务，这就是革除封建的生产关系以及建立在这种生产关系之上的上层建筑，为资本主义的发展开辟道路。当然，这里所说的资本主义已经不是原来意义上的资本主义，而是在近代中国社会特殊条件下的"资本主义"。从现代化进程的一般规律来说，近代中国社会的发展主题，也就是要完成中国由农业文明向工业文明的转变，即为现代工业稳定发展创造先决条件。

近代中国的革命运动，本质上就是在上述社会的主要矛盾的基础上、在围绕上述社会的主要矛盾的基础上以及在围绕上述社会发展的主题上发生和发展起来的。

《新民主主义论》这篇经典著作，就是以毛泽东同志为主要代表的中国共产党人在科学地观察世界局势和分析中国国情、深刻总结近代以来特别是五四运动以来中国革命运动发展进程和发展规律的基础上形成和发展起来的，这正是毛泽东《新民主主义论》这篇经典著作产生的基本的社会历史背景。

（二）近期背景

《新民主主义论》这篇文章之所以会在1940年发表，新民主义理论之所以会在1940年前后不断走向成熟和完善，是中国历史发展的必然。抗战进入到相持阶段后，日本帝国主义对华政策进行了调整,美、英等西方资本主义国家虽然继续支持中国抗战,但是为了自身的利益,对日本采取了具有浓厚绥靖主义色彩的政策。受到国际大局的影响,以蒋介石为首的国民政府开始消极抗日、积极反共。国民党高层在抗日问题上甚至出现了分裂,以汪精卫为首的亲日派走上了投降卖国的道路。这时候,代表资产阶级利益的党派虽然不满蒋介石的独裁统治,要求结束国民党一党专政,但是也并不赞同共产党的主张,而是希望中国走出一条欧美资产阶级的道路。在这种情况下,面对中国向何处去这一问题,中国共产党人必须给出自己明确的答案,亮出自己的旗帜。《新民主主义论》的发表和新民主主义理论的成熟,对这些问题逐一进行了回答。

1. 国际背景

1938年10月,日本帝国主义侵占了广州和武汉,大半个中国已经沦陷。日军由于受到人力和物力方面的限制,无力继续对中国发动大规模的侵略战争,再加上中国人民对日军的侵略进行了顽强的抵抗,打破了日军3个月灭亡中国的狂妄计划,从1938年10月起,中国的抗日战争逐渐进入到了战略相持阶段。

随着抗日战争战略相持阶段的到来,日本对华政策进行了调整。从1937年7月到1938年10月,日军已经占领并控制了珠江口、长江下游沿岸以及华北、华中主要铁路沿线等经济发达地区。到1938年底,日军陆军在中国战场上的兵力已经达到24个师团,在中国东北还有关东军8个师团,在日本本土仅留有1个师团的兵力。中国人民对日军的进攻进行了顽强的抵抗,粉碎了其迅速消灭中国的计划。中国人民的抵抗消耗了日军大量的人力、物力和财力。仅兵力一项，日军此时的伤亡人数就已经达到44.7万多人。随着战争的进行，日军人力、物力、财力不足的弱点开始逐渐暴露了出来。

在日军占领区，日军及其培植的汉奸势力只能控制一些大中城市及其交通线附近的地区，广大的农村被以八路军、新四军为主的中国军队控制。敌后战场的发展，特别是敌后游击战争的开展和敌后抗日根据地的扩大，消耗了日军大量的兵力，对日军形成了日益严重的威胁。此时，除了敌后战场之外，中国军队也在正面战场继续进行着防御性的进攻，消耗和牵制着日军。敌后战场和正面战场互相配合，消耗了日军的有生力量，使抗日战争持久战的局面逐渐形成，抗日战争开始出现战略相持的局面。

战争转向长期化的趋势，促使日本侵略者不得不调整其侵华的战略和策略，这主要表现在政治、经济、军事、文化四个方面。

政治上，日军改变了原来的以军事进攻为主、政治诱降为辅的方针，转而转变为以政治诱降为主、军事进攻为辅，开始实行所谓的"以华制华"的方针，在占领区内依靠北洋军阀时代的旧官僚为汉奸，建立起傀儡政权。然而这种傀儡政权是依赖日本侵略者的刺刀来维持的，在中国人民心目中没有多大的威信。因此，在侵占广州、武汉后，日本侵略者又想策划建立新的傀儡政权，并且随着时间的推移，在这方面取得了一个重要的突破，那就是以汪精卫为首的亲日派开始公开投降。

国民党副总裁、国民党中央政治委员会主席、国民参政会议长，这些都是汪精卫在国民党中曾经担任的职务，可见当时的汪精卫在国民党中是一个举足轻重的人物。日本对中国的政治方针改变后，就把汪精卫列为了诱降的目标。1938年夏秋之际，汪精卫集团的代表同日方代表秘密协商投降停战事宜。1938年11月3日，时任日本首相近卫文麿公开发表声明，表示如果国民政府"更换人事组织"，参加东亚"新秩序建设"，日方"并不予以拒绝"。这实际上就是在暗示汪精卫，只要投降日本，日方将坚决扶持汪精卫，排斥蒋介石。声明的发表促使汪精卫采取了进一步的卖国举措。11月20日，也就是在近卫文麿发表声明之后的第17天，高宗武、梅思平代表汪精卫集团同日方的代表影佐祯昭、今井武夫在上海秘密签订了《日华协议记录》等一系列文件。之后，汪精卫加快了投降卖国的步伐。12月18日，按照预订的计划，汪精卫等人由重庆乘飞机至昆明，次日又转飞越南河内，周佛海、陈公博等人追随其叛逃。12月22日，近卫文麿再次发表声明，提出了所谓的"与新生的中国调整关系的总方针"，其具体内容有：中国政府承认"满洲国"；签订日华"防共"协定；承认内蒙古地方为特殊"防共"地区，日本有驻兵权；日本人在中国有居住、营业的自由，中国在华北和内蒙古地区应积极地向日本提供资源开发的便利。如果中国答应了上述要求，日本可以不向中国索要军费赔偿，也可以撤销领事裁判权并归还在中国的租界。12月29日，汪精卫发表了臭名昭著的"艳电"，响应近卫声明，主张国民政府以"善邻友好""共同防共"和"经济提携"三原则为依据，与日本政府"交换诚意，以期恢复和平"，并且要求共产党彻底抛弃自己的武装和组织。至此，汪精卫的投降卖国面目已经彻底暴露无遗。1939年4月，汪精卫在日本特务的秘密护送下到达上海，着手组织伪国民政府。

1940年3月30日，经日本幕后策划，北平和南京两地的伪政权撤销，伪中华民国政府在南京成立。汪伪政权的正式成立，也标志着日本的政治诱降方针取得了成效。

在经济方面，日本为了克服自身资源不足的弱点，大力推行以战养战的方针政策。为此，日本在占领区大肆掠夺资财，并且在1938年4月成立了"华北开发株式会社"和"华中振兴株式会社"两个组织机构。这两个机构是对占领沦陷区进行经济侵略的重要机构。

军事上，伴随着对国民党以政治诱降为主、军事进攻为辅的方针的实施，日军基本上停止了战略性的进攻，转而开始巩固其已经占领的地区。随着方针政策的转变，日军开始集中兵力进攻敌后抗日根据地的八路军和新四军，因为敌后抗日根据地的存在已严重威胁到了日本在占领区统治秩序的建立。

文化方面，为了达到长期对中国人民进行奴役的目的，日本在占领区内强制推行奴化教育。例如，宣传所谓"日中亲善""大东亚共荣思想"等来麻痹中国人民，还在学校内强制推行日文教育。同时，日本还加紧了对中国的文化侵略，抢劫了大量中国的文物，甚至一向号称信仰佛教的日军却烧毁了大量的寺庙，屠杀了大量的僧人，强奸了许多尼姑。

总之，随着抗战相持阶段的到来，日军在政治、经济、军事、文化这四个方面采取了一系列的调整措施，以便继续维持其侵略战争，最终达到灭亡中国的目的。

随着抗日战争战略相持阶段的到来，美、英等国对日本推出了"绥靖主义"政策。抗战相持阶段到来的前后，国际局势也发生着急剧的变动。在欧洲，英、法为了把祸水引向别的国家，对德意法西斯采取了纵容妥协的政策。1938年9月，英、法抛开捷克斯洛伐克政府，在德国慕尼黑签订了将苏台德区割让给德国的《慕尼黑协定》，实际上是把捷克斯洛伐克整个出卖给了德国。11月，英国正式承认意大利吞并了埃塞俄比亚。在远东，日本帝国主义加紧了对中国的侵略，从而进一步加剧了同英、法、美等国的矛盾。这些国家为了维护自身的利益，一方面加大了对华援助的力度，使中国有能力对抗日本；另一方面，它们对日本采取了带有浓厚"绥靖主义"色彩的政策，妄图牺牲中国的利益，以缓和同日本的矛盾，避免和日本直接发生冲突。

美国在东亚和太平洋地区有着重要的利益，日本的扩大侵略实际上损害了美国的在华利益。对此，美国政府曾多次发表声明表示不满。1938年底至1939年初，美、英、法三国分别向日本递交了不承认"东亚新秩序"的照会。日本曾在第二次近卫声明中提出"建设东亚新秩序"。1938年12月，美国政府首次宣布向中国提供2500万美元借款，中国以桐油偿还。美国对中国抗战的援助，极大鼓舞了中国军民的士气。但美国在帮助中国进行抗战的同时，仍然没有中断和日本的贸易往来，一直卖给日本大量钢铁、石油、机械设备等战略物资。1939年11月，美国驻日本大使格鲁同日本外相签订临时通商协定，继续保持两国贸易关系，缓和两国之间的矛盾。

中国政府一直力争英国援华抗战。1939年2月日军占领海南岛之后，中国再次呼吁英国对日采取行动。1939年3月至8月，英国向中国提供500多万英镑借款和300多万英镑的信用贷款。但慑于日本的威势，英国还是选择了向日本妥协。1939年7月，英国驻日本大使克莱琪同日本外相有田八郎缔结协定：英国政府承认日军在中国的战争行动，对凡是妨害日军达到上述目的之行动，英政府均无意加以赞助。这样，英国实际上默认了日本对中国的侵略。中国方面曾对此发表了抗议声明。1940年6月，法国战败投降，法国政府准许日本投入越南机场，并禁止中国使用滇越铁路。英国为了应付德国在西欧的进攻，在远东继续做出妥协和让步。1940年7月，英国顺应日本的要求封锁中国当时最重要的国际交通线——滇缅公路3个月，同时还中断了通过中国香港对华物资运输的渠道。英国的这些行动，给中国的抗战事业造成了严重的损失，中国政府对此提出了严重的抗议。

美、英等国为了维护自身的利益，对日本采取的这些妥协退让的"绥靖主义"政策，助长了日本帝国主义的嚣张气焰，造成了亚洲形势的进一步紧张。

2.国内背景

随着抗战战略相持阶段的到来，国民党开始不断制造反共摩擦，消极抗日、积极反共。这一阶段，代表资产阶级和小资产阶级上层利益的民主党派，主张中国走出一条欧美资产阶级共和国的道路。这一时期，中国共产党已经成立10多年，有了大革命、土地革命战争和抗日战争爆发以来十分丰富的各方面经验，并已经具备了回答中国向何处去这个问题的能力。

随着抗日战争战略相持阶段的到来，国民党消极抗日，积极反共，并鼓吹"一个主义""一个政党""一个领袖"。在武汉战役和广州战役中，日本几乎倾注了全力。进攻武汉的日本军队动用的兵力达到14个师团，进攻广州的日军则动用了3个师团的兵力，这些兵力占到了日本陆军总兵力的一半。这也是自卢沟桥事变以来，日本军队投入兵力最多的一次，并且对两地的进攻几乎集中在同一时间内。这反映出了日本想要"速战速决"的目的，但是这样的目标并没有达到，战争反而进入了日本侵略者不愿意看到的战略相持阶段。

随着抗战相持阶段的到来，日本调整了对华方针。在日本帝国主义的政治攻势下，以汪精卫为首的亲日派公开向日本帝国主义投降。汪精卫的这一举动引起了全国上下的一片声讨。这时候，作为国民党总裁的蒋介石并没有和汪精卫一样选择投降，这是值得称赞的。但是在他看来，随着日本帝国主义对国民党军事进攻的减少，日本的军事威胁已经下降到了比较低的程度，而共产党领导的军队和抗日根据地则成为了他的心腹之患。蒋介石在这一时期的日记中充分流露出他把关心的重点由对日作战转向反共方面。1938年12月31日，蒋介石在日记中回顾这一年的工作时写道：共产党乘机扩张势力，实为内在之殷忧。他在1939年1月6日的日记中把话说得更明白：目前急患不在敌寇，而在共产党之到处企图发展，沦陷区游击队之纷乱无系统。这样的情势，在蒋介石看来，只有应定切实对策，方足以消弭殷忧也。国民党消极抗日、积极反共的一个明显的转折点就是国民党召开的五届五中全会。

1939年1月21日至30日，国民党五届五中全会在重庆召开。蒋介石在会上虽然强调现在是抗战的第二期开始的时候，谈到要抗战到底，不能半途而废，但是他把抗战到底解释为只恢复到七七事变以前的状态。他在讲话中说：抗战到底的底在哪里？是否是日本亡了或者中国亡了才算到底，必须有一界说。现在要打到日本亡了，那不可能。或说武汉失守了就算到底，那太离奇。在卢沟桥事变前现状未恢复，平津未收复以前不能与日本开外交谈判。我们不恢复七七事变以前原状就是灭亡，恢复了就是胜利。从蒋介石的讲话中，可以看出其将东北的利益置之不顾。更严重的是，会上原则通过了要限制异党活动（随后，在4月14日，国民党中央秘书处秘密颁布了《防制异党活动办法》）的训令。会议公开发表的宣言中说："本会议郑重声明，吾人绝不愿见领导革命之本党发生二种党籍之事实，更不忍中国实行三民主义、完成革命建国一贯之志业，因信仰不笃与意志不坚、顿生顿挫。"[①]会议通过的《关于党务报告之决议案》中写道："今后，本党应力求革命理论之领导""而使违反主义之思想无从流布于社会，而于战区及敌人后方，尤应特别注意"。[②]这些文件显然把矛头指向了在敌后坚持抗战的中国共产党。

1939年4月，国民党密订《限制异党活动办法》，同年6月，又制定了《共产党问题处置办法》，其中规定：由党政军协同一致，处置各地共产党问题。共党在各地不得有任何公开或秘密之组织，不得单独设立机关报与杂志及书店，不得进行统一战线、民主政治问题的活动及共产主义思想的宣传，共产党员非经中央特许，绝对不准服务于各部队机关及军事性质之学校交通及产业机构中。八路军与新四军应统一编制限制兵额，不得擅自扩充或扩编，不得超出指定区域

---

① 《中国国民党历次代表大会及中央全会资料》（下），光明日报出版社1985年版，第547页。
② 《中国国民党历次代表大会及中央全会资料》（下），光明日报出版社1985年版，第554页。

作战，不得与地方发生关系，并不得作民众运动。绝对否认陕甘宁边区，严令解散晋察冀边区政府及其所组织之各县地方政府，共产党在华北各省游击区内组织之地方政权，应即令移交冀察战区党政委员会分会。国民党中央还提出要加派有力部队或忠实精干之游击干部，前往冀察，俾加强本党在华北之武力，以压制共党之发展。以国民党中央这些反动文件为指导，国民党在各地的反共活动愈演愈烈。

1938年冬，国民党军队在敌后成立了鲁苏和冀察两个战区司令部，增派一些部队和游击武装到敌后，名为抗日，实际上经常在共产党领导的抗日根据地周边制造摩擦事件，袭击共产党领导的抗日力量。在陕甘宁边区，从1938年12月到1939年10月间，国民党军队先后制造摩擦事件150多起。在华北，山东国民党军秦启荣部于1939年4月在博山袭击八路军部队，捕杀团以下干部200多人。1939年6月至12月，八路军山东纵队遭到国民党军队90多次进攻，被杀1300余人，被扣812人。1939年6月11日，国民党河北省保安司令张荫梧部袭击冀中根据地深县八路军后方机关，捕杀干部战士400多人。在华中，1939年6月12日，国民党杨森部包围新四军设在湖南平江的通讯处，杀害新四军参议涂正坤、八路军少校副官罗梓铭等6人，并掠走其枪支财物。9月，国民党湖北省保安司令程怀部在鄂东新集围攻新四军后方机关，残杀共产党员和群众200余人。11月11日，国民党河南确山县县长率军警特务袭击确山县竹沟镇新四军第八团留守处，残杀医院伤病员、军属和当地群众200多人。

1939年冬至1940年春，国民党顽固派的反共活动迅速扩大。以前他们还都是在制造小规模的摩擦，现在转而向几个较大的根据地发动大规模的武装进攻。

  国民党进攻的重点首先是陕甘宁边区。1939年12月，胡宗南部联合地方反共势力，首先在边区西部陇东地区和南部关中地区发动进攻。他们到处袭击八路军，摧毁地方政权和群众抗日团体，捕杀工作人员，先后袭击并占领了八路军驻防的宁县、镇原、旬邑、淳化、正宁等县城。在边区东部绥德地区，他们煽动反动分子叛乱，迫害共产党的军政干部和人民群众，破坏边区治安。在山西，1939年12月初，阎锡山的部队制造了"晋西事变"（又称"十二月事变"）。国民党第二战区司令长官阎锡山命令在晋西的由我党所领导的决死队第二纵队向同浦路大举破袭，对日军展开进攻。但是正当决死队在执行任务的时候，阎锡山却命令在晋西的6个军，向驻扎在晋西南地区的决死队第二纵队和八路军第115师晋西独立支队发动进攻，破坏永和、石楼、洪洞等6个县的抗日民主政权和群众组织，杀害抗日干部及八路军后方医院伤病员工200余人。与此同时，阎锡山所属孙楚部联合蒋介石嫡系部队，对活动在晋东南的决死队第一、第三纵队和八路军发起进攻，摧毁了沁水、阳城等7个县的抗日民主政权，屠杀共产党员和群众500余人，抓捕1000余人。此外，他们还策动决死队第三纵队内的反动军官胁迫三个多团暴乱反共。阎锡山还命令赵承绶部在晋西北向决死队第四纵队和暂一师发起进攻。在太行山地区，1939年12月初，国民党军九十七军朱怀冰部进入冀西，逼近八路军阵地，破坏抗日政权，频繁制造摩擦。国民党顽固派发动这次反共高潮的目的在于削弱以致逐步消灭共产党在华北的力量，并掌握对华北敌后的控制权。

国民党顽固派在对共产党进行军事进攻的同时，还在思想阵线上发动了攻势。国民党提出了"以宣传对宣传""以理论制驭理论"的口号，企图以三民主义篡改和取代马克思主义和共产主义。

早在国共两党刚刚达成合作协议的时候，蒋介石在《对共产党的宣言的谈话》中就提出，三民主义为"中国立国原则""中国今日只有一个努力之方向"，即三民主义。1938年初，国民党在武汉发起了鼓吹"一个主义""一个政党""一个领袖"的宣传运动。国民党控制的《扫荡报》更是连篇累牍发表文章，攻击中国共产党和马克思主义。国民党的御用文人叶青更是叫嚣道："国民党是一切党派中的骄子，它以外的党派，根本不能与它讲平等"，不论是今天还是将来，其他党派都"没有独立存在的理由"[①]。1939年1月，在国民党五届五中全会上，蒋介石作了《唤醒党魂，发扬党德，巩固党基》的报告，并作了题为《整理党务之要点》的讲话。蒋介石所谓的"唤醒党魂""发扬党德"，其实质就是实行"一个主义""一个政党""一个领袖"的专制主义。蒋介石还借口抗战，宣称不能实行"宪政"，只能实行"军政"。他强调要以国民党来"管理一切"，实行"以党治国""以党建国"。国民党所谓的宣传家们更是公开声称：中国有了三民主义就够了，用不着社会主义；共产主义不合于中国的历史道路。

除了共产党和国民党之外，中国当时还有代表民族资产阶级和上层小资产阶级利益的中间力量，如第三党、中国青年党、中国致公党、中国国家社会党、中华职业教育社、乡村建设派等党派和团体。这些党派和团体因为自身具有资产阶级的两面性，当其受到帝国主义

---

① 叶青：《关于政治党派》，《扫荡报》1938年1月22日。

和封建主义压迫的时候，就能够加入到反帝反封建的斗争当中来；而当无产阶级革命影响到其利益的时候，他们又会表现出动摇和妥协，甚至加入到反革命阵线当中去。1938年12月，国家社会党的张君劢发表了《致毛泽东先生一封公开信》，主张取消边区、取消八路军和新四军，同时还要同毛泽东讨论"共产党之理论"。他写道："窃以为目前阶段中，先生等既努力于对外民族战争，不如将马克思主义暂搁一边，使国人思想上走上彼此是非黑白分明一途，而不必出以灰色与掩饰之辞。诚能如此，国中各派思想，同以救民族救国家为出发点，而其接近也自易易矣。"①

他们极力反对国民党的一党专政，支持国共合作并积极参与抗战。但是对共产党的主张又不能完全相信，而是希望走出一条代表自身利益的所谓"中间路线"，也就是欧美国家的资产阶级共和国道路。在1939年9月召开的第一届国民参政会第四次会议上，中国青年党、中国国家社会党等联合向大会提出了《请结束党治、立施宪政，以安定人心，发扬民主而利抗战案》。民主党派的这些活动虽然有利于揭露国民党一党独裁的真面目，起到推进民主建国进程的积极作用，但是其对未来国家的构想都是以美、英等西方资产阶级国家为蓝本的，他们幻想抗战胜利后能够在中国建立起一个资产阶级共和国。

经过大革命、土地革命战争和抗日战争的锻炼，中国共产党逐渐走向成熟。随着抗战相持阶段的到来，国民党顽固派开始不断鼓吹所谓的"一个主义""一个政党""一个领袖"。民族资产阶级的代表人物虽然反对国民党的一党专政，但是对共产党的主张也并不是全部赞

---

① 张君劢：《致毛泽东先生一封公开信》，《再生》1938年第10期。

同，他们主张中国走资产阶级共和国的道路。这样就把"中国向何去"这个问题十分尖锐地摆到了每一个关心国家命运的国人面前。形势的发展迫切要求中国共产党人对这一问题作出自己的回答，并系统阐明自己的立场和观点。

1939年、1940年之交，毛泽东发表了《〈共产党人〉发刊词》《中国革命和中国共产党》《新民主主义论》等文章。在这些文章中，毛泽东第一次旗帜鲜明地提出了新民主主义的完整理论，并对它作了系统说明。它不仅对当时国民党和民族资产阶级代表人物在中国向何处去问题上的主张做出了回应，而且还回答了中国现阶段民主革命和未来建设新中国的一系列根本问题。毛泽东能在这个时候提出新民主主义理论决不是偶然的。抗战爆发以来，中国共产党从原来遭受严密封锁的狭小天地中走出来，变成全国性的大党，公开走向全国政治生活的大舞台，受到人们越来越密切的关注。除了国民党和民族资产阶级的代表人物的政治主张之外，人们还希望了解中国共产党对时局的主张和其对中国未来前途的看法。中国共产党要在抗日民族统一战线中坚持独立自主，也就必须要在全国人民面前旗帜鲜明地提出自己区别于其他政党的政治主张，把人们聚拢到自己的旗帜之下。

孙中山在国民党一大所解释的三民主义和中国共产党在民主革命阶段的最低限度的纲领基本上是不相冲突的，这一点是中国共产党人早就说过的。基于两者相同的主张，中国共产党人在现阶段真诚地愿意为它的彻底实现而奋斗。同时，共产党人又声明过：中国共产党的主张和国民党的主张又是有区别的。现在有一些人叫嚷让共产党人收起自己的旗帜，这种情况下，就迫使共产党人更加鲜明地打出自己的旗帜，以同形形色色假的或歪曲了的"三民主义"宣传分清界限，系统阐述自己的理论和主张，为中国人民指出中华民族要建立一个新社会和新国家的前途。这也是历史发展的需要。

这时的中国共产党人也有能力提出这一主张，因为这时的中国共产党已经走出了幼年阶段，经过了大革命、土地革命战争和抗日战争的洗礼，有了10多年丰富的经验和教训，已经走向成熟，成为了一个成熟的政党。以毛泽东同志为主要代表的中国共产党，已经能够将马克思主义同中国革命的具体实践纯熟地结合起来，系统地回答中国向何处去这个问题，将党关于现阶段民主革命的理论和纲领这面大旗更加鲜明地打出来。毛泽东曾经回忆说："在抗日战争前夜和抗日战争时期，我写了一些论文，例如《中国革命战争的战略问题》、《论持久战》、《新民主主义论》、《〈共产党人〉发刊词》，替中央起草过一些关于政策、策略的文件，都是革命经验的总结。那些论文和文件，只有在那个时候才能产生，在以前不可能，因为没有经过大风大浪，没有两次胜利和两次失败的比较，还没有充分的经验，还不能充分认识中国革命的规律。"毛泽东指出，只有经过两次胜利和两次失败的比较，到了抗日战争时期，"中国民主革命这个必然王国才被我们认识，我们才有了自由"。[①]

以上就是《新民主主义论》的发表背景，也是新民主主义理论这个全新的理论能够在抗日战争时期由毛泽东系统地提出来的历史背景。

---

① 《毛泽东著作选读》下册，人民出版社1986年版，第825、826页。

二、《新民主主义论》的发表和版本

《新民主主义论》的发表以及新民主主义理论的提出，是毛泽东和中国共产党的领导集体经过长期的探索和思考才形成的。这个理论是以中国的实际国情为出发点的。要真正懂得中国的实际国情是非常不容易的事情，需要经历一个过程。

（一）《新民主主义论》的发表

大革命时期特别是土地革命战争时期，毛泽东对中国社会特别是中国农村所进行的周密而系统的调查研究，使得他对中国国情有了深刻的了解。他在这一时期所撰写的文章，为《新民主主义论》的诞生、为新民主主义理论的形成打下了重要的理论基础。抗日战争是中国革命最伟大、最活跃、最生动的阶段，在这一阶段，毛泽东写了大量的论著。1939年5月1日，毛泽东发表了《五四运动》一文，提出："二十年前的五四运动，表现中国反帝反封建的资产阶级民主革命已经发展到了一个新阶段。""中国民主革命的完成依靠一定的社会势力。这种社会势力是：工人阶级、农民阶级、知识分子和进步的资产阶级，这是革命的工、农、兵、学、商，而其根本的革命力量是工农，革命的领导阶级是工人阶级。如果离开了这种根本的革命力量，离开了工人阶级的领导，要完成反帝反封建的民主革命是不可能的。"[①] 同年5月4日，他在《青年运动的方向》的演讲中，把正在进行着的中国革命称作"我们中国反对帝国主义和封建主义的人民民主革

---

① 《毛泽东选集》第2卷，人民出版社1991年版，第558、559页。

命"。他说:"这个革命,资产阶级已经无力完成,必须靠无产阶级和广大人民的努力才能完成。"①它在打倒帝国主义和封建主义以后,要"建立一个人民民主的共和国""建立人民民主主义的制度"。"它比起现在这种半殖民地半封建的状态来是不相同的,它跟将来的社会主义制度也不相同。"但是毫无疑问的是,"中国将来一定要发展到社会主义去,这样一个定律谁都不能推翻"。②

从中我们可以看出,毛泽东已经认识到:中国反帝反封建的民主革命从五四运动起已经发展到了一个新的阶段,在这个阶段需要由工人阶级来领导。这个革命所要建立的社会,既不同于半殖民地半封建的状态,又不同于社会主义制度,而是一种人民民主主义的共和国,它的前途是社会主义。在这里,毛泽东已经开始对新民主主义理论进行思考,但是还没有把"新民主主义"这个概念明确地提出来,也没有进行系统的论证和说明。

1939年12月,毛泽东写成了《中国革命和中国共产党》一文,提出了"新民主主义"这个概念,并且指出:"所谓新民主主义的革命,就是在无产阶级领导之下的人民大众的反帝反封建的革命。"③《中国革命和中国共产党》的发表,大大开拓了人们的眼界,它对中国革命的性质和中国革命的一系列根本性问题作出了系统而清晰的说明,使人们觉得原来纷繁复杂的社会现象顿时变得井井有条且易于理解,也使人们在复杂多变的局势面前更加心明眼亮。这篇文章在当时及其后一段时间内都产生了难以估量的影响。自此,"新民主主义"这面

---

① 《毛泽东选集》第2卷,人民出版社1991年版,第563页。
② 《毛泽东选集》第2卷,人民出版社1991年版,第563页。
③ 《毛泽东选集》第2卷,人民出版社1991年版,第647页。

大旗高高地举起来了。那么，新民主主义的政治、经济、文化的具体内容是什么，它们的特点又是什么呢？这些问题都需要进一步加以说明，而毛泽东的《新民主主义论》一文则恰好对这些问题进行了进一步的说明。

1940年1月，陕甘宁边区文化协会第一次代表大会在延安召开。毛泽东在会上作了题为《新民主主义的政治与新民主主义的文化》的长篇演讲。温济泽后来回忆当时听毛泽东的演讲时说："这个长篇讲话，从下午一直讲到入夜点起煤气灯的时分。""拥挤在会场里的五六百听众，被他的精辟见解和生动话语所鼓舞、所吸引，聚精会神，屏息静听，情绪热烈，不时响起一阵阵的掌声。"① 这篇演讲，经过修改、补充而成文，于当年1月15日完稿，2月15日，也就是一个月后在延安出版的《中国文化》创刊号发表，题目仍为《新民主主义的政治与新民主主义的文化》。1940年2月20日出版的《解放》第98、99期合刊也刊载了这篇文章，题目改为了《新民主主义论》。

《新民主主义论》是一篇具有严密理论体系的文章，也是一篇有着很强论战性的文章。令人难以置信的是，这样重要的文章是在极其简陋的环境中写出来的：毛泽东当时住在延安杨家岭的两间窑洞里，里间是寝室，有一张木床、一个小木方凳、一个木箱；外间是办公室，有一个旧书架、一张作为办公桌的旧方桌，还有一些小方凳。他习惯于晚上工作，到天亮时才睡觉，上午10点又起来继续工作。据他当时的保卫参谋蒋泽民回忆说："毛泽东写文章是非常辛苦的。延安地区没有电，夜晚毛泽东写文章时点两根蜡烛照明，灯光昏

---

① 温济泽：《征鸿片羽集》，当代中国出版社1995年版，第473页。

暗而又跳动,很影响视力,容易使眼睛疲劳。毛泽东写累了,就揉揉酸胀的双眼,再继续写,一夜之后,他的脸上沾了一层烟尘。""毛泽东写文章用的是毛笔。写前打好腹稿,然后挥笔而就,疾书成文。他写东西时,桌子上一般不放书籍和报纸,不参照别人的东西。""他埋头书写很长一段时间后,往往要停下笔休息几分钟,或者点燃一根烟吸,或者站起来,到门外的空场上走一走。如果他表情是平静的,面带微笑,和我们或公务员唠几句嗑,那么,他已经完成一部分文稿了。""毛泽东写好文章,有的进行反复修改后,让我们送给中央首长传阅,有关军事方面的文章都要送给朱德看,政治方面的文章送给王稼祥看,认真听取他们的意见。""经过反复讨论后,把大家的意见集中起来,他再一次修改。"[①]

对于《新民主主义论》这篇文章的写作,毛泽东酝酿的时间很长,并在写作的过程中反复进行了修改,也征求过一些同志的意见。20多年后,他还曾讲道:"《新民主主义论》初稿写到一半时,中国近百年历史前八十年是一阶段、后二十年是一阶段的看法,才逐渐明确起来,因此重新写起,经过反复修改才定了稿。"[②]

以上就是《新民主主义论》的写作过程。新民主主义理论是毛泽东的伟大理论创造。他之所以能够进行伟大的理论创造,一方面是因为他始终立足于无限丰富的中国革命斗争实践中,他认识上的每一步深化,都来源于对客观实际生活中种种新情况和新问题的细心观察和深入思考,来源于反复地同了解实际情况的人交换意见,集思广益,

---

① 蒋泽民:《忆毛泽东在延安》,八一出版社1993年版,第27—29页。
② 《毛泽东文集》第7卷,人民出版社1999年版,第15页。

从来不作那种脱离实际的个人苦思冥想；另一方面也在于他勤奋刻苦地钻研马列著作。总之，这一过程是毛泽东深入实际，对中国革命进行长期理论思考的结果。《新民主主义论》发表后，连一向攻击共产党没有自己理论的反动文人叶青也不得不表示，自从读到《新民主主义论》，"我对于毛泽东，从此遂把他作共产党理论家看待了"。[①]这篇文章在党内外引起了巨大的反响，使许多人对当前的奋斗目标和中国未来的方向有了清楚明白的了解，也使越来越多的人汇集到了新民主主义的旗帜下。

（二）《新民主主义论》的不同版本

从1940年1月9日，毛泽东在陕甘宁边区文化协会第一次代表大会上作的题为《新民主主义的政治与新民主主义的文化》的演讲，到我们今天在《毛泽东选集》中看到的《新民主主义论》一文，《新民主主义论》经过了不断的修改，因而有着不同的版本。

1940年2月15日，经过整理、补充和修改后，毛泽东《新民主主义的政治与新民主主义的文化》的演讲以原标题发表在《中国文化》创刊号上。这是《新民主主义论》最早的版本。随后，在当年2月20日，在延安出版的《解放》第98、99期合刊上，该文章第一次以《新民主主义论》为题发表。

从《中国文化》到《解放》杂志，文章的面貌发生了较大的变化，后一个版本和前一个版本的不同之处竟有240处左右。毛泽东对文章进行了多方面的修改：第一，一些节增加了文字标题，共15处。第二，

[①] 叶青：《毛泽东思想批判》，帕米尔书店1974年版，第5页。

重新润色和修改了部分标点符号，共有120处左右。第三，在不改变原文意思的基础上进行了一些文字修改，力求表达更准确，共101处左右。第四，一定程度上改变文章原意的修改有4处。特别是毛泽东对文章题目的修改，这个修改触及了整个文章的指导思想，具有为文章的理论建设意义给予重新定位的意向。以《新民主主义的政治与新民主主义的文化》为题，反映出毛泽东是要通过阐述新民主主义的政治、中国近代历史和革命史、中国社会现状等问题，进而阐述新民主主义文化问题，强调的是社会与文化，尤其是政治与文化的关系和新民主主义文化理论的有关问题，同时借阐述新民主主义文化问题及相关问题，相应地阐发新民主主义的一系列理论问题。以《新民主主义论》为题，则反映出毛泽东是要把文章的指导思想定位在新民主主义理论的整体阐发上，而将政治与文化的关系、文化理论方面的内容放在了文章切入点的地位。

《新民主主义论》在《解放》杂志刊登后不久，解放社于1940年3月出版了单行本的《新民主主义论》，这应该是《新民主主义论》最早的单行本。在革命战争年代，解放社的出版物在当时最具有权威性，各地关于中共中央和包括毛泽东在内的一些重要领导人著作的出版物一般都是以解放社的版本为底本进行翻印的。此后，解放社在1941年5月出版了第二版，在1942年4月出版了第三版。目前，这两个版本已很难见到。《解放》杂志版本的《新民主主义论》和解放社第一版的《新民主主义论》基本相同，没有什么变化。1940年4月10日，《群众》第4卷第10期刊登出版了《新民主主义论》。1941年5月，晋察冀日报社编印的《民族民主革命与统一战线》收录了《新民主主义论》，这两个版本与解放社第一版的《新民主主义论》内容也基本相同。

值得注意的是，1943年10月，中共晋绥分局出版的《毛主席三大著作》收录了《新民主主义论》一文，该文与《解放》杂志版本相比已经有了一些变化，但与解放社1943年10月第四版的《新民主义论》则极为接近（仅有的区别更像是编辑错讹或编辑性修改所造成的若干标点或字句上的差别）。解放社第四版的《新民主主义论》与《解放》杂志版的《新民主主义论》相比，共修改了313处左右，其中主要是：第一，重新润色和修改了标点符号，共233处左右。第二，在原文不变的基础上进行了一些文字修改，共75处左右。第三，还有两处修改不如原文准确，将"文明先进的中国"改为"聪明先进的中国"；在叙述中国近代革命历程时，将"戊戌变法"由原来列在"中法战争、中日战争"之后，提至"中法战争、中日战争"之前。这两处修改明显不如原文，后来在《毛泽东选集》收录的《新民主主义论》中又改为了《解放》杂志版本的文字。第四，有3处改动改变了文章原来的意思。

毛泽东对《新民主主义论》第二次的修改较为满意，直到新中国成立后收录了《新民主主义论》的《毛泽东选集》出版前，毛泽东未再对文章进行过修改。1944年7月，由晋察冀日报社出版的《毛泽东选集》第一卷收录了《新民主主义论》。1946年4月，由大连书店出版的《毛泽东选集》第一卷也收录了《新民主主义论》。1948年，由哈尔滨东北书店出版的六卷本的《毛泽东选集》第二卷收录了《新民主主义论》，同年，由晋冀鲁豫中央局出版的只在党内发行的《毛泽东选集》下册亦收录了《新民主主义论》。以上版本的《新民主主义论》和解放社第四版的《新民主主义论》相比，除了编辑上的错讹之外，内容上基本没有什么变化。毛泽东对《新民主主义论》的第二次修改，标志着该文的定型和成熟，也标志着抗日战争时期以毛泽东同志为主要代表的中国共产党人对新民主主义理论的阐发趋向成熟。

此外，1946年至1949年，香港民主出版社以单行本的形式分册陆续出版的《毛泽东选集》也将《新民主主义论》列为其中一册出版。由于香港不受国民党的控制，此套《毛泽东选集》广泛发行于海内外。

《新民主主义论》被誉为毛泽东的"三大奇文"之一，是新中国成立前出版最多、发行量最大的毛泽东著作单行本之一。国民党反动派把此书列为"禁书"，不准在国民党统治区发行。因此，在国民党统治区，一些革命和进步文人在组织出版和印刷革命和进步书籍的时候，为了防止国民党当局的查禁，常通过改封面、改书名、改出版地和出版单位等方式，以掩盖书中的内容。在这样的情况下，新中国成立前，《新民主主义论》还出现了几种"伪装本"。目前发现的"伪装本"共有四种：第一种是由国家图书馆收藏的以《大乘起信论》为书名的伪装本。第二种是以《文史通义》为书名的伪装本。第三种是由湖南图书馆馆藏的、由湖南金国印书馆秘密发行的以《中国往何处去》为书名的伪装本。第四种则是近年来在广州发现的以言情小说《满园春色》为名的伪装本。

1950年5月，也就是新中国成立后不久，中共中央政治局会议决定重新编辑出版《毛泽东选集》，由毛泽东本人直接主持编辑出版工作。这一版本的《新民主主义论》收录在1952年出版的《毛泽东选集》第2卷中。在这次编辑过程中，毛泽东对《新民主主义论》一文进行了大量的修改，改动之处远多于前两次，共达817处左右。其中，没有改变原文思想内容的共有762处左右：对标点符号的修改大概有117处左右；在基本不改变原文实质内容的情况下，对一些语言用法、概念使用、词句删减等方面进行的修改有645处左右。此外，毛泽东还对原有的一些认识和观点进行了修改，从而使文章在理论内容上发生了较大的变化，而这些修改共有55处左右。从此以后，毛泽东再也未对《新民主主义论》做过修改。

此后，《新民主主义论》还发行过几个单行本。1964年6月，人民出版社为了"适应一般干部学习毛泽东著作的需要"，出版了《毛泽东著作选读（甲种本）》，其中收录了《新民主主义论》。中国青年出版社为了"适应工农青年学习毛泽东著作的需要"，出版了《毛泽东著作选读（乙种本）》，其中也收录了《新民主主义论》。1986年，由中央文献编辑委员会编辑、由人民出版社出版的《毛泽东著作选读》上册以及1991年重新修订的《毛泽东选集》第2卷都收录了《新民主主义论》。

以上就是对毛泽东《新民主主义论》不同版本情况的梳理。

第二章
《新民主主义论》的主要内容

02

《新民主主义论》主要包括两个方面的内容：一个是新民主主义革命论，另一个是新民主主义社会论。两个部分回答和解决的主要问题不同，但是互相联系，从宏观上构成一个有机整体。下面我们所要介绍的《新民主主义论》的内容，依照的是如今最为流行的版本，也是毛泽东亲自进行最后一次修改的版本，即人民出版社1991年7月出版的修订版的《毛泽东选集》四卷本第二卷收录的《新民主主义论》一文。

一、《新民主主义论》对新民主主义革命重要问题的论述

在《新民主主义论》这篇文章中，毛泽东对有关中国革命的一系列重要理论问题进行了论述。新民主主义革命论是关于中国无产阶级领导的近代社会革命是什么样的革命和怎样进行革命的理论，它主要回答两个基本问题，即革命的性质是什么和革命的途径是什么。科学回答这两个基本问题的前提，是弄清楚中国的国情。毛泽东对这些问题的精辟论述，驱散了笼罩在人们心头的迷雾，回答了当时中国革命面临的一系列基本问题。

（一）近代中国的社会性质是半殖民地半封建社会

毛泽东在1939年就明确指出："中国革命的对象、中国革命的任

第二章 《新民主主义论》的主要内容

务、中国革命的动力,这些都是由中国社会的特殊性质,由于中国的特殊国情而发生的关于现阶段中国革命的基本问题。""只有认清中国社会的性质,就是说,认清中国的国情,乃是认清一切革命问题的基本的依据。"①

在党创立后不久和大革命时期,党就依据列宁关于民族和殖民地问题的理论,指出中国是一个"半独立的封建国家""半殖民地半封建的国家"。但在蒋介石建立南京政府以后,有的人认为他建立的政权已经是"资产阶级为中心为领导的政权",封建残余势力"受了最后打击""变成残余势力之残余",因而社会性质已经变了。20世纪30年代甚至发生过一场关于中国社会性质问题的大论战。如何认清中国社会的性质不仅是理论问题,而且成了当时一个必须解决的有关革命性质和任务的紧迫的政治问题。而给予这个问题以科学回答的正是以毛泽东同志为主要代表的中国共产党人。

1928年召开的党的六大认真分析了大革命失败以后中国的政治经济社会状况,仍然认为"中国现在的地位是半殖民地",经济政治制度是"半封建制度"。同年10月5日,毛泽东在《中国的红色政权为什么能够存在?》一文中明确指出:"现在国民党新军阀的统治,依然是城市买办阶级和乡村豪绅阶级的统治,对外投降帝国主义,对内以新军阀代替旧军阀,对工农阶级的经济剥削和政治的压迫比从前更加厉害。"②

后来,经过多次调查和对国情的深入研究,并根据日本帝国主义

---

① 《毛泽东选集》第2卷,人民出版社1991年版,第646、633页。
② 《毛泽东选集》第1卷,人民出版社1991年版,第47页。

侵略中国的新的情况，毛泽东在1939年写下的《中国革命和中国共产党》一文中，对中国社会的性质作了全面系统的论述："自周秦以来，中国是一个封建社会，其政治是封建的政治，其经济是封建的经济。而为这种政治和经济之反映的占统治地位的文化，则是封建的文化。"[1]但"自外国资本主义侵略中国，中国社会又逐渐地生长了资本主义因素以来，中国已逐渐地变成了一个殖民地、半殖民地、半封建的社会"。"这就是现时中国社会的性质，这就是现时中国的国情。"[2]

　　毛泽东概括了我们这个殖民地、半殖民地、半封建的社会的特点。他指出：第一，封建时代的自给自足的自然经济基础是被破坏了；但是，封建剥削制度的根基——地主阶级对农民的剥削，不但依旧保持着，而且同买办资本和高利贷资本的剥削结合在一起，在中国的社会经济生活中，占着显然的优势。第二，民族资本主义有了某些发展，并在中国政治的、文化的生活中起了颇大的作用；但是，它没有成为中国社会经济的主要形式，它的力量是很软弱的，它的大部分对于外国帝国主义和国内封建主义都有或多或少的联系。第三，皇帝和贵族的专制政权是被推翻了，代之而起的先是地主阶级的军阀官僚的统治，接着是地主阶级和大资产阶级联盟的专政。在沦陷区，则是日本帝国主义及其傀儡的统治。第四，帝国主义不但操纵了中国的财政和经济的命脉，并且操纵了中国的政治和军事的力量。在沦陷区，则一切被日本帝国主义所独占。第五，由于中国是在许多帝国主义国家的统治或半统治之下，由于中国实际上处于长期的不统一状态，又

---

[1]《毛泽东选集》第2卷，人民出版社1991年版，第664页。
[2]《毛泽东选集》第2卷，人民出版社1991年版，第664、665页。

由于中国的土地广大，中国的经济、政治和文化的发展，表现出极端的不平衡。第六，由于帝国主义和封建主义的双重压迫，特别是由于日本帝国主义的大举进攻，中国的广大人民，尤其是农民，日益贫困化以致大批破产，他们过着饥寒交迫的和毫无政治权利的生活。中国人民的贫困和不自由的程度，是世界所少见的。这样精辟的概括，相当于对中国的社会性质作出了透彻的、有说服力的分析，因而能够统一全党的认识。

（二）中国革命是新式的资产阶级民主革命

毛泽东明确指出，近代中国的社会性质是半殖民地半封建社会，中国近代社会的主要矛盾是帝国主义和中华民族的矛盾、封建主义和人民大众的矛盾。中国共产党人最准确地把握了中国的基本国情。他同时指出："这就是现时中国革命的历史特点。在中国从事革命的一切党派，一切人们，谁不懂得这个历史特点，谁就不能知道这个革命和进行这个革命到胜利，谁就会被人民抛弃，变为向隅而泣的可怜虫。"[①]中国的特殊国情，决定了中国共产党领导的民主革命既不同于旧式的一般的资产阶级民主革命，又不同于无产阶级领导的社会主义革命，而是一种新式的特殊类型的资产阶级民主革命。

近代中国的社会性质是半殖民地半封建社会，这样的社会性质就决定了中国社会的主要矛盾必然是帝国主义和中华民族的矛盾、封建主义和人民大众的矛盾。当然还有别的矛盾，例如资产阶级和无产阶级的矛盾、反动统治阶级内部的矛盾等。而帝国主义和中华民族的矛

---

① 《毛泽东选集》第2卷，人民出版社1991年版，第665页。

盾乃是各种矛盾中的最主要的矛盾。这些矛盾的斗争及其尖锐化，就不能不造成日益发展的革命运动。伟大的近代和现代的中国革命，就是在这些基本矛盾的基础上发生和发展起来的。

中国共产党成立之前，在世界近代历史进程中，除俄国1905年的革命以外，主要出现过两种类型的革命：一种是由资产阶级领导的、反对封建专制主义统治的、以建立资产阶级共和国为目的的资产阶级民主革命；另一种是由无产阶级领导的、反对资本主义统治的、以建立社会主义共和国为目的的无产阶级社会主义革命。中国革命应该是一场什么性质的革命，这是我们党必须回答的问题。

中国是一个半殖民地半封建的国家，旧式的资产阶级民主革命行不通，孙中山领导的辛亥革命证明了这一点。直接进行社会主义革命脱离了实际，因而也是行不通的。1922年，党的二大根据列宁关于殖民地半殖民地国家革命的学说，从中国处在帝国主义和军阀官僚封建势力统治与压迫之下的实际考虑，制定了党的最高纲领和最低纲领，初步区分了社会主义革命和资产阶级民主革命，指出目前中国革命的任务是消除内乱，打倒军阀，推翻国际帝国主义的压迫，建立真正的民主共和国，并据此认为，这种革命对内而言是资产阶级的民主革命，对外而言是民族革命。但是，对于这个革命与资产阶级领导的民主革命的区别，当时我们党并没有清楚的认识。这种理论上的缺陷，成为导致大革命时期党内出现右倾错误的重要原因之一。1927年大革命失败后，共产国际认为中国的民族资产阶级、小资产阶级都脱离了革命，无产阶级的同盟者只剩下农民和城市贫民，以后的中国革命是直接为建立工农民主专政而斗争的阶段。在这个不切实际的理论的影响下，中国共产党出现了"左"倾冒险主义的错误。当时，有的领导人主张在反帝反封建的同时反对资产阶级，甚至包括上层小资产阶级，这就混淆了民主革命与社会主义革命的界限。

在这个问题上，毛泽东代表了党的正确方向。他从大革命时期开始，对中国革命进行了认真的探索，认为中国当时进行的资产阶级民主革命，与18世纪、19世纪欧、美、日本的资产阶级民主革命性质完全不同。中国现在进行的革命，是小资产阶级、半无产阶级、无产阶级这三个阶级合作的革命，对象是国际帝国主义和它的工具官僚、军阀、买办、地主阶级。这种革命与辛亥革命的性质也不相同，主要体现在革命目标的不同和国内革命势力的扩大及国际社会对革命的支援上。1927年大革命失败以后，毛泽东针对那种反对资产阶级甚至打击小资产阶级的"左"倾错误进一步指出："中国现时确实还是处在资产阶级民权革命的阶段。中国彻底的民权主义革命的纲领，包括对外推翻帝国主义，求得彻底的民族解放；对内肃清买办阶级的在城市的势力，完成土地革命，消灭乡村的封建关系，推翻军阀政府。必定要经过这样的民权主义革命，方能造成过渡到社会主义的真正基础。"[①]这时的毛泽东已经初步区分了民主革命和社会主义革命的界限。

1937年七七事变以后，毛泽东深化了对中国革命性质的认识。在认真总结历史经验的基础上，他于1940年前后发表了《〈共产党人〉发刊词》《中国革命和中国共产党》《新民主主义论》等著作，明确提出了"新民主主义革命"的概念，并对中国革命的基本问题作了系统的理论阐述。他指出："既然中国社会还是一个殖民地、半殖民地、

---

① 《毛泽东选集》第1卷，人民出版社1991年版，第77页。

半封建的社会，既然中国革命的敌人主要的还是帝国主义和封建势力，既然中国革命的任务是为了推翻这两个主要敌人的民族革命和民主革命，而推翻这两个敌人的革命，有时还有资产阶级参加，即使大资产阶级背叛革命而成了革命的敌人，革命的锋芒也不是向着一般的资本主义和资本主义的私有财产，而是向着帝国主义和封建主义，既然如此，所以，现阶段中国革命的性质，不是无产阶级社会主义的，而是资产阶级民主主义的。""但是，现时中国的资产阶级民主主义的革命，已不是旧式的一般的资产阶级民主主义的革命，这种革命已经过时了，而是新式的特殊的资产阶级民主主义的革命"，即"新民主主义的革命"[①]。

那么，这种新民主主义革命到底"新"在何处呢？对此，毛泽东在《新民主主义论》中作了比较全面的回答：

第一，中国革命属于世界无产阶级社会主义革命的一部分。第一次世界大战和俄国十月革命改变了整个世界历史的方向，划分了整个世界历史的时代。在这之前，中国的资产阶级民主革命属于旧的世界资产阶级民主主义革命的一部分；在这之后，中国的资产阶级民主革命则属于新的资产阶级民主革命的范畴，属于世界无产阶级社会主义革命的一部分。毛泽东在文章中对世界革命做了区分。他认为："有两种世界革命，第一种是属于资产阶级和资本主义范畴的世界革命。这种世界革命的时期早已过去了，还在一九一四年第一次帝国主义世界大战爆发之时，尤其是在一九一七年俄国十月革命之时，就告终结了。从此以后，开始了第二种世界革命，即无产阶级的社会主义的世

[①] 《毛泽东选集》第2卷，人民出版社1991年版，第646—647页。

界革命。这种革命，以资本主义国家的无产阶级为主力军，以殖民地半殖民地的被压迫民族为同盟军。不管被压迫民族中间参加革命的阶级、党派或个人，是何种的阶级、党派或个人，又不管他们意识着这一点与否……只要他们反对帝国主义，他们的革命，就成了无产阶级社会主义世界革命的一部分，他们就成了无产阶级社会主义世界革命的同盟军。"①

为什么会出现以上情况呢？俄国十月革命的胜利和苏维埃俄国的建立，改变了整个世界历史的方向，划分了整个世界历史的时代。在这个时代，"在世界资本主义战线已在地球的一角（这一角占全世界六分之一的土地）崩溃，而在其余的角上又已经充分显露其腐朽性的时代，在这些尚存的资本主义部分非更加依赖殖民地半殖民地便不能过活的时代，在社会主义国家已经建立并宣布它愿意为了扶助一切殖民地半殖民地的解放运动而斗争的时代，在各个资本主义国家的无产阶级一天一天从社会帝国主义的社会民主党的影响下面解放出来并宣布他们赞助殖民地半殖民地解放运动的时代，在这种时代，任何殖民地半殖民地国家，如果发生了反对帝国主义，即反对国际资产阶级、反对国际资本主义的革命，它就不再是属于旧的世界资产阶级民主主义革命的范畴，而属于新的范畴了；它就不再是旧的资产阶级和资本主义的世界革命的一部分，而是新的世界革命的一部分，即无产阶级社会主义世界革命的一部分了。这种革命的殖民地半殖民地，已经不能当作世界资本主义反革命战线的同盟军，而改变为世界社会主义革命

---

① 《毛泽东选集》第2卷，人民出版社1991年版，第671页。

战线的同盟军了"①

根据以上的分析,毛泽东对中国资产阶级民主主义革命给予了科学划分。他指出,自1914年爆发第一次世界大战到1917年俄国十月革命爆发,"在这以前,中国资产阶级民主主义革命,是属于旧的世界资产阶级民主主义革命的范畴之内的,是属于旧的世界资产阶级民主主义革命的一部分""在这以后,中国资产阶级民主主义革命,却改变为属于新的资产阶级民主主义革命的范畴,而在革命的阵线上说来,则属于世界无产阶级社会主义革命的一部分了"。②因为此时中国革命的领导阶级已经不再是资产阶级了,而是无产阶级。革命的目的也不再是建立资产阶级专政的国家,而是要建立各个革命阶级联合专政的国家,其长远目的是为社会主义的发展扫清道路。这种革命是彻底打倒帝国主义的,必然会遭到帝国主义的反对而得到社会主义国家和国际无产阶级的帮助,因此,这种革命就成为无产阶级社会主义世界革命的一部分了。

第二,革命领导权不同。革命不再由资产阶级领导,而是由无产阶级领导,是在无产阶级领导之下的人民大众的反帝反封建的革命。毛泽东指出,无产阶级是中国民主革命的领导阶级。中国的资产阶级民主革命之所以不能由资产阶级来领导,是因为中国的资产阶级分为两部分,买办资产阶级是帝国主义的附庸,是革命的对象;民族资产阶级有反帝反封建的革命的一面,但同时又与帝国主义、封建主义有许多联系,他们的社会经济地位规定了他们的软弱性。中国资产阶

---

① 《毛泽东选集》第2卷,人民出版社1991年版,第667—668页。
② 《毛泽东选集》第2卷,人民出版社1991年版,第667页。

级民主革命的两个基本问题、两大基本任务，民族资产阶级都不能解决。因此，它们不能充当革命的领导者。而中国的无产阶级，恰恰有领导革命的能力。它除了与最先进的经济形式相联系、富于组织纪律性、没有私人占有的生产资料外，还有许多特殊的优点：身受帝国主义、封建主义和资本主义的"三种压迫"，革命最坚决，整个阶级都是最革命的；与农民有着天然的联系，极易和农民结成亲密的联盟；从开始走上革命舞台就在中国共产党领导之下，成为中国社会最有觉悟的阶级。因此，无产阶级成为中国革命最基本的动力，由它领导资产阶级民主革命，这是历史的选择。

第三，革命的前途不同。关于新民主主义革命的前途，毛泽东指出，在新民主主义革命阶段，要建立以中国无产阶级领导的中国各个革命阶级联合专政的新民主主义社会，而终极的前途是社会主义和共产主义。

在上述区分中，革命领导权是区别新旧民主革命的主要标志。革命领导权不同，就导致了指导思想、革命力量、发展前途等方面的不同。由无产阶级取代资产阶级来领导中国革命，既是历史的选择，也是革命能够取得最后胜利的根本保证。

从中国国情出发，毛泽东回答了中国革命的对象、动力、任务、性质和前途等一系列问题，即革命的对象是帝国主义、封建主义和官僚买办资本主义；革命的动力是无产阶级、农民阶级、农民以外的小资产阶级以及民族资产阶级，而无产阶级是革命的领导力量；革命的任务是对外推翻帝国主义压迫，对内推翻封建地主压迫；革命的性质是资产阶级民主主义的革命；革命的前途，一方面是资本主义因素的发展，另一方面是社会主义因素的发展，待到一定的条件下将革命转变到社会主义革命阶段上去。对这一系列基本问题的回答，毛泽东曾经用一句话作了总概括，即"无产阶级领导的，人民大众的，反对帝国主义、封建主义和官僚资本主义的革命，这就是中国的新民主主义的革命，这就是中国共产党在当前历史阶段的总路线和总政策"。①

（三）中国革命必须分两步走

毛泽东指出："很清楚，中国现时社会的性质，既然是殖民地、半殖民地、半封建的性质，它就决定了中国革命必须分为两个步骤。第一步，改变这个殖民地、半殖民地、半封建的社会形态，使之变成一个独立的民主主义的社会。第二步，使革命向前发展，建立一个社会主义的社会。中国现时的革命，是走在第一步。"②既然新民主主义革命要由无产阶级领导，它的前途又是社会主义，那么它与社会主义革命是什么关系呢？这也是我们必须予以解决的一个问题。

党的一大主张直接进行社会主义革命。党的二大虽然对民主革命和社会主义革命作了区分，但陈独秀认为中国无产阶级力量弱小，农民阶级涣散，唯有资产阶级力量强，因此提出"二次革命"的理论，即资产阶级在现阶段的革命中占主导地位，无产阶级只有先帮助资产阶级夺取政权，完成资产阶级革命，待资本主义获得发展后再进行社会主义革命，结果犯了右倾错误。

大革命失败后，出于对国民党反动统治的愤怒和仇恨，那种"举

---

① 《毛泽东选集》第4卷，人民出版社1991年版，第1316—1317页。
② 《毛泽东选集》第2卷，人民出版社1991年版，第666页。

政治革命与社会革命毕其功于一役"的思想,即"一次革命"的思想又在党的中央领导机关中占据了主导地位。特别是以王明为代表的"左"倾教条主义者,不仅对民族资产阶级"只讲斗争,不讲联合",而且打击小资产阶级,制定了一系列"左"的土地、工商、税收、劳动等政策,打击和排斥了大批本来可以团结或联合的力量,孤立了自己,错失了有利的革命时机,导致一度蓬勃发展的革命形势遭受了严重挫折。

在总结北伐战争和土地革命两次胜利、两次失败经验教训的基础上,毛泽东提出了中国革命分"两步走"的思想,即整个中国革命分为两步,第一步先进行新民主主义革命,第二步再进行社会主义革命。之所以要分两步走,主要原因是:

第一,这是由中国的社会性质决定的。中国现时的社会既然是殖民地、半殖民地、半封建的性质,就决定了中国革命必须分为两个步骤。第一步,改变这个殖民地、半殖民地、半封建的社会形态,使之变成一个独立的民主主义的社会。第二步,使革命向前发展,建立一个社会主义的社会。

第二,社会主义革命需要一定的社会经济条件,需要由新民主主义革命为之准备。没有一个新民主主义的统一的国家,没有新民主主义的国家经济的发展,没有私人资本主义经济和合作社经济的发展,没有民族的科学的大众的文化即新民主主义文化的发展,没有几万万人民的个性的解放和个性的发展,一句话,没有一个由共产党领导的新式的资产阶级性质的民主革命,要想在殖民地半殖民地的废墟上建立起社会主义社会来,那只能是完全的空想。因此,只有经过民主主义，才能到达社会主义，这是马克思主义的天经地义。

第三，不同性质的革命都有自己特定的任务和特定的时间，只能由一个革命到另一个革命，如果"毕其功于一役"，必然会降低对于当时任务的努力，这是很有害的。

第四，在一定的时期中，在一定的程度上，中国民族资产阶级能够参加反帝和反封建的斗争。无产阶级在这种时期内，应该同民族资产阶级建立统一战线，并尽可能地加以保持。混淆革命阶段，就会把革命的同盟者当成革命对象，从而损害革命。

关于新民主主义革命和社会主义革命的关系，毛泽东作了以下几个方面的清晰阐明：第一，社会主义是我们的大目标，我们主张民主革命转变到社会主义方向去，因此，两个革命阶段必须衔接，不容横插一个资产阶级专政的阶段。第二，民主革命和社会主义革命的关系犹如一篇文章的上篇和下篇，只有做好上篇，才能去做下篇。文章的上篇如果不做好，下篇是没有法子着手做的。民主主义革命是社会主义革命的必要准备，社会主义革命是民主主义革命的必然趋势。第三，从经济上看，我们进行的革命是要破坏帝国主义和封建主义，改变中国现在的半殖民地半封建的地位。它一方面为资本主义的发展扫清了道路，另一方面又为社会主义的发展扫清了更广大的道路。它将促使资本主义有一个相当程度的发展，但又会促使社会主义因素的发展。第四，从国际环境看，由于中国革命处在社会主义向上高涨、资本主义向下低落的国际环境中，所以中国资产阶级民主革命的终极前途不是资本主义的，而是社会主义和共产主义的。

毛泽东把不断革命论和革命发展阶段论统一起来，透彻地阐明了民主革命与社会主义革命之间的联系与区别,并将其与"一次革命论""二次革命论"划清了界限,清晰地揭示了中国革命的两大步骤。

(四)中国革命的途径

怎样进行新民主主义革命?这是新民主主义革命论回答的另一个基本问题。如果说关于中国革命是什么样的革命,列宁关于民族和殖民地国家革命的理论还提供了一些原则指导的话,那么,在中国怎样进行这个革命的问题上,马克思列宁主义的著作中是找不到答案的。有没有现成的经验呢?也不是完全没有,比如说巴黎公社、俄国十月革命。巴黎公社、十月革命,它们都是在城市举行了武装起义进而夺取政权的。

自马克思主义诞生以来,欧洲各国的无产阶级革命运动都把工作重心放在城市,在城市中组织工会,发动工人阶级进行反对资产阶级的罢工,直至发动城市武装起义。1871年的法国巴黎公社武装起义是这样,俄国十月革命也是这样,走的都是以城市为中心的道路。在中国,20世纪早期的革命斗争,也是以城市为中心开展的。辛亥革命是在大城市武汉首先爆发并取得成功的,北伐战争采取的也是长驱直进、重点攻打大城市的战略。但是,在1927年大革命失败后的中国,国民党凭借其掌握的强大的武装力量占据了所有的城市。他们在城市中建立反动政权,实行白色恐怖,到处破坏共产党组织,封闭革命工会,疯狂屠杀共产党人和革命群众,致使革命力量受到致命的打击。在这样的情况下,走以城市为中心的道路实际上已然不可能,必须寻找一条新的革命道路去争取革命的胜利。以毛泽东同志为主要代表的中国共产党人总结经验教训，在艰难曲折的实践中，探索出中国新民主主义革命的道路，这就是农村包围城市、武装夺取政权的道路。

在中国，民主革命走农村包围城市、武装夺取政权的道路，这同样是由中国的国情决定的。第一，中国不是一个独立的民主国家，内部没有民主制度，没有议会可以利用，也没有组织工人举行罢工的合法权利，因此，革命的基本手段不是合法斗争，而是武装斗争。第二，中国革命的敌人异常强大，控制着政治、经济、交通、文化等枢纽和命脉，长期占据着城市特别是中心城市。第三，中国共产党领导的军队弱小，这个军队的数量少、武器装备差、物资供给困难，所依托的根据地经济文化条件落后，根据地政权分散且地处孤立的山地或僻地。第四，中国是一个农业国，农民占人口的绝大多数，中国革命的基本内容是铲除封建土地制度的土地革命。这样的国情决定了中国革命不可能走巴黎公社和俄国十月革命城市工人起义、武装夺取政权的道路，而只能走另外一条道路，即中国革命的武装力量先在农村建立根据地，进行广泛的土地革命，动员广大农民，积蓄和发展革命力量，然后逐步将广袤的乡村变成巩固的阵地，形成包围城市的态势，最后夺取全国政权。

毛泽东在分析中国走农村包围城市道路的必要性的同时，又分析了走这条道路的可能性。中国近代社会有一个极为重要的特点，就是政治经济发展的不平衡。毛泽东曾经对此作过经典性概括："中国政治经济发展不平衡——微弱的资本主义经济和严重的半封建经济同时存在，近代式的若干工商业都市和停滞着的广大农村同时存在，几百万产业工人和几万万旧制度统治下的农民和手工业工人同时存在，管理中央政府的大军阀和管理各省的小军阀同时存在,反动军队中有隶属蒋介石的所谓中央军和隶属各省的所谓杂牌军这样两部分军队同时存在,若干的铁路航路汽车路和普遍的独轮车路、只能用脚走的路和用脚还不好走的路同时存在。"①毛泽东关于中国政治经济发展不平衡特点的分析,内涵十分丰富,包括了对生产力状况、经济基础、上层建筑和阶级关系诸多方面的观察,说明这些方面现状的极大差异,说明敌人的统治也不是铁板一块,而存在大量敌人统治薄弱的地方。这样就为中国革命力量在农村的生存和发展提供了广阔空间,也为走农村包围城市的道路提供了充分条件。

工农武装割据是农村包围城市道路的重要内容。早在大革命后期,基于对农村、农民的深刻了解和对历史上农民战争经验的正确总结,毛泽东就多次提出革命失败后"上山"的思想,即如果在城市里站不住,就到农村去,山区的人上山,滨湖的人上船,拿起枪杆子,造成军事的割据。大革命失败后,毛泽东更加坚定了这一思想。正因为有"上山"思想,毛泽东才在湘赣边界秋收起义失利、原定夺取长沙的计划无法实现的情况下,率先提出变更原来的计划,由进攻城市改为向农村进军,成功地把起义队伍带上了井冈山,开始了创建根据地的斗争。

井冈山斗争期间,毛泽东在实践中创造了许多好经验,并且把实践经验上升到理论,系统地阐述了工农武装割据的思想。首先,毛泽东深刻地分析了红色政权能够存在和发展的原因。他从帝国主义的间接统治、地方的农业经济(不是统一的资本主义经济)和帝国主义划

---

① 《毛泽东选集》第1卷,人民出版社1991年版,第188页。

分势力范围的分裂剥削政策造成的中国经济发展的不平衡和政治的不统一、各派新旧军阀的长期混战等五个方面，比较全面地揭示了红色政权是如何产生和发展的等五个方面的内容。

其次，他对工农武装割据的内容作了完整的阐述，指出所谓工农武装割据，即在共产党的领导下，以武装斗争为主要形式，以土地革命为基本内容，以农村革命根据地为战略基地，三者密切配合。其中，武装斗争是进行土地革命，建立、巩固和发展根据地的最强有力的工具，没有武装斗争，就不能推翻反动政权、建立红色政权；没有武装斗争的胜利和坚持，也就谈不上有效地进行土地革命，也不能保卫土地革命的成果。因此，必须大力开展军事运动。土地革命是反封建的民主革命的主要内容，没有土地革命，或土地革命的政策不正确，就得不到广大农民的支持，武装斗争就会归于失败。只有通过土地革命满足广大农民的基本要求，才能最大限度地发动农民，使他们自愿地拿起武器，为保卫土地革命的成果、维持自己的生存而战，为推翻反动统治、夺取民主革命的胜利而战，也才能使革命政权得到广大农民的真心拥护，获得广泛的群众基础。根据地则是进行武装斗争、开展土地革命的基地和依托。没有巩固的根据地，不掌握政权，土地革命也不可能正常进行。总之，武装斗争、土地革命、根据地建设三者相辅相成，缺一不可。

工农武装割据的思想初步解决了在政治经济发展不平衡的农业大国、在敌强我弱的形势下，共产党应该怎样坚持革命、怎样发展壮大革命力量，为最终夺取革命胜利创造条件的问题，从而为农村包围城市道路的开辟奠定了理论基础。农村包围城市、武装夺取政权是具有中国特色的民主革命道路，它把中国革命的诸多特点、中国革命的基本内容和中国革命的依靠力量有机地统一起来，成功地解决了在中国这样一个落后的国度里如何进行民主革命的问题。关于这条道路的理论，丰富了马克思主义的科学社会主义学说，为无产阶级夺取政权的革命实践提供了新的经验。在新民主主义革命论中，这个理论是对马克思主义最富独创性的贡献。

二、《新民主主义论》对新民主主义社会基本纲领的论述

新民主主义社会论是关于中国新民主主义革命胜利之后建立什么样的社会和怎样建设这个社会的理论，它也主要回答了两个基本问题，即民主革命胜利后的社会性质是什么和怎样建设这个社会的问题。

关于新民主主义革命胜利后中国建立什么样的社会，以毛泽东同志为主要代表的中国共产党人提出了新民主主义社会的构想。毛泽东在《新民主主义论》中第一次提出了这个构想。他指出，中国革命的第一步，"决不是也不能建立中国资产阶级专政的资本主义的社会，而是要建立以中国无产阶级为首领的中国各个革命阶级联合专政的新民主主义的社会"[1]。

（一）新民主主义社会的性质

新民主主义社会是什么性质的社会？对这个问题，毛泽东作过明

---

[1] 《毛泽东选集》第2卷，人民出版社1991年版，第672页。

确的阐述。他指出:"我们要建立的新民主主义社会,它的基本性质仍是资本主义的,破坏了封建秩序,推翻了帝国主义和封建制度的压迫,而在无产阶级领导下,人民群众充分地发动起来了。"①有些人可能不大理解,为什么中国共产党领导的民主革命要把建立基本性质是资本主义的新民主主义社会作为自己的目标,而不是紧接着进行社会主义革命,建立社会主义社会呢?

中国共产党人提出这个构想,同样是由于中国有不同于欧洲和俄国的国情。按照马克思主义经典作家的设想,社会主义社会是建立在生产力发达和社会化大生产的基础上的,而提供这样一个基础的工业化进程,则是由资本主义社会完成的。前文已提及,中国近代没有进入资本主义社会,而是变成了半殖民地半封建社会。在半殖民地半封建社会,由于外国资本主义和本国封建主义的压迫,资本主义不可能发展起来,当然也就不可能完成工业化的任务。因此,旧中国的生产力水平极其低下,经济文化异常落后,而且各地区的发展也极不平衡。要想在这样一种物质基础上建立社会主义社会,显然是极其困难的。毛泽东甚至说过这是"完全的空想"。他指出:"没有一个新民主主义的联合统一的国家,没有新民主主义的国家经济的发展,没有私人资本主义经济和合作社经济的发展,没有民族的科学的大众的文化即新民主主义的文化的发展,没有几万万人民的个性的解放和个性的发展,一句话,没有一个由共产党领导的新式的资产阶级性质的彻底的民主革命,要想在殖民地半殖民地半封建的废墟上建立起社会主义

---

① 《毛泽东文集》第3卷,人民出版社1996年版,第56页。

社会来，那只是完全的空想。"①既然社会主义社会不能建立在废墟上，新民主主义社会就是要完成清理废墟、奠定工业化基础的任务。正如毛泽东所说的："民主革命的中心目的就是从侵略者、地主、买办手下解放农民，建立近代工业社会。""现在的农村根据地，不是也不能是整个中国民主社会的主要基础。由农业基础到工业基础，正是我们革命的目的。"②

新民主主义社会的性质仍是资本主义，但这种资本主义绝不是旧式的欧美式的资本主义，用毛泽东的话说就是"新资本主义"。他说："现在我们建立新民主主义社会，性质是资本主义的，但又是人民大众的，不是社会主义，也不是老资本主义，而是新资本主义，或者说是新民主主义。"③为什么说是"新资本主义"？第一，中国的新民主主义革命不再属于旧式的资产阶级民主主义革命范畴，而是属于世界无产阶级社会主义革命的范畴。第二，在新民主主义社会内，资本主义不是像欧美资本主义那样无限制发展，而是在有利于国计民生的轨道上发展的，这种发展不但有利于资产阶级，而且有利于无产阶级，或者说更有利于无产阶级。第三，新民主主义社会，领导力量是无产阶级而不是资产阶级，经济基础即生产关系是多种经济成分并存，其中社会主义性质的国营经济起着主导作用。第四，新民主主义社会的发展方向，或者叫发展前途，是建立社会主义社会。

关于如何建设新民主主义社会，以毛泽东同志为主要代表的中国共产党人，在新民主主义的构想下，提出了一整套新民主主义的政

---

① 《毛泽东选集》第3卷，人民出版社1991年版，第1060页。
② 《毛泽东文集》第3卷，人民出版社1996年版，第206、207页。
③ 《毛泽东文集》第3卷，人民出版社1996年版，第110页。

治、经济、文化纲领。在《新民主主义论》中，毛泽东指出，我们要建立的"这个新社会和新国家中，不但有新政治、新经济，而且有新文化"①。那么，新民主主义的政治、经济、文化究竟是怎样的呢？毛泽东在文章当中为我们作了详尽的描述。

（二）新民主主义的政治纲领

新民主主义的政治纲领是什么呢？在《新民主主义论》中，毛泽东旗帜鲜明地做出了回答。他明确指出："国体——各革命阶级联合专政。政体——民主集中制。这就是新民主主义的政治，这就是新民主主义的共和国，这就是抗日统一战线的共和国，这就是三大政策的新三民主义的共和国，这就是名副其实的中华民国。"②新民主主义社会的政治纲领，规定了新民主主义国家制度和政权组织形式。它包括国体和政体，国体是各革命阶级的联合专政，政体是民主集中制。这就是新民主主义的政治，也就是新民主主义的共和国。这种新民主主义共和国，一方面和旧形式的、欧美式的、资产阶级专政的、资本主义的共和国相区别；另一方面，又和苏联式的、无产阶级专政的、社会主义的共和国相区别。

1.关于新民主主义的国体

新民主主义的国体是各革命阶级的联合专政，其中无产阶级担任领导阶级。中国的无产阶级为什么能够担当起领导革命的历史重任

---

① 《毛泽东选集》第2卷，人民出版社1991年版，第663页。
② 《毛泽东选集》第2卷，人民出版社1991年版，第677页。

呢？这是由当时中国的具体情况决定的。正如毛泽东所说，在中国1919年五四运动之前，中国民主革命的领导者是资产阶级，当时的无产阶级还没有作为一个独立的阶级登上历史舞台。五四运动之后，中国的资产阶级虽然继续参加了革命，但是真正的领导者已经是中国的无产阶级了。

为什么中国的资产阶级这时候仍然能够参加无产阶级领导的革命呢？"由于中国民族资产阶级是殖民地半殖民地国家的资产阶级，是受帝国主义压迫的，所以，虽然处在帝国主义时代，他们也还是在一定时期中和一定程度上，保存着反对外国帝国主义和反对本国官僚军阀政府（这后者，例如在辛亥革命时期和北伐战争时期）的革命性，可以同无产阶级、小资产阶级联合起来，反对它们所愿意反对的敌人。"[①]这和俄国革命存在着不同，因为沙皇俄国是一个军事封建主义的国家，是侵略别人的，因此俄国的资产阶级没有什么革命性。俄国无产阶级的任务，是反对资产阶级，而不是联合它。而在中国，如上所述，是一个半殖民地半封建社会，是被人侵略的，所以民族资产阶级在一定时期和一定程度上还保留有革命性。无产阶级的主要任务不是忽视资产阶级的这种革命性，而是应和他们建立反对帝国主义和反对官僚军阀政府的统一战线。

资产阶级具有一定时期和一定程度上的革命性，但是为什么不能担当起中国革命的领导重担呢？革命领导阶级的重担为什么要由无产阶级来挑起来呢？针对这些问题，毛泽东做了非常明确的说明。他指出："由于他们是殖民地半殖民地的资产阶级，他们在经济上和政治上是异

---

① 《毛泽东选集》第2卷，人民出版社1991年版，第673页。

常软弱的，他们又保存了另一种性质，即对于革命敌人的妥协性。中国的民族资产阶级，即使在革命时，也不愿意同帝国主义完全分裂，并且他们同农村中的地租剥削有密切联系，因此，他们就不愿和不能彻底推翻帝国主义，更加不愿和更加不能彻底推翻封建势力。这样，中国资产阶级民主革命的两个基本问题，两大基本任务，中国民族资产阶级都不能解决。""一方面——参加革命的可能性，又一方面——对革命敌人的妥协性，这就是中国资产阶级'一身而二任焉'的两面性。"①

而在中国，事情是非常明白的：谁能领导人民推翻帝国主义和封建主义势力的压迫，谁就能够取得人民的信任，因为中国人民最大的敌人就是帝国主义和封建主义。中国的历史证明，农民阶级不能担当起这个历史任务，资产阶级因为其自身的软弱性也不能担当起这个历史任务，这个责任就不得不落到了无产阶级的肩上了。

毛泽东指出："全世界多种多样的国家体制中，按其政权的阶级性质来划分，基本地不外乎这三种：（甲）资产阶级专政的共和国；（乙）无产阶级专政的共和国；（丙）几个革命阶级联合专政的共和国。"②那么，中国应该采取哪种国家体制的形式呢？

中国显然不能采取欧美式的资产阶级专政的共和国的形式，这是因为在中国，资产阶级不能担当起领导中国革命的重任，并且那种共和国的形式已经过时了。当然，中国也不能采用苏联式的无产阶级专政的社会主义共和国的形式，这种模式在当时的苏联已经兴盛起来，那是因为苏联的资产阶级没有革命性，是革命的对象，而在半殖民地

---

① 《毛泽东选集》第2卷，人民出版社1991年版，第673—674页。
② 《毛泽东选集》第2卷，人民出版社1991年版，第675页。

半封建的旧中国，资产阶级在一定的程度上、在一定时期内还是有革命性的，因此不能采取这种形式。在半殖民地国家，在一定时期所采取的国家形式，只能是第三种形式，这就是新民主主义的共和国。这是一定历史时期的形式，因而也是过渡的形式，但却是不可移易的必要的形式，中国也不例外。

但是，这个"国体"问题从清朝末年起在中国闹了几十年都没有闹清楚，并不是因为国体这个问题非常复杂。国体这个问题其实是非常清楚的，"其实，它只是指的一个问题，就是社会各阶级在国家中的地位"。资产阶级因为害怕人民，因此总是隐瞒这种阶级地位。在中国，"无论如何，中国无产阶级、农民、知识分子和其他小资产阶级，乃是决定国家命运的基本势力。这些阶级，或者已经觉悟，或者正在觉悟起来，他们必然要成为中华民主共和国的国家构成和政权构成的基本部分，而无产阶级则是领导的力量。现在所要建立的中华民主共和国，只能是在无产阶级领导下的一切反帝反封建的人们联合专政的民主共和国，这就是新民主主义的共和国"[1]。毛泽东在《论人民民主专政》一文中指出："总结我们的经验，集中到一点，就是工人阶级（经过共产党）领导的以工农联盟为基础的人民民主专政。"[2]这就是新民主主义的国体。

2.关于新民主主义的政体

毛泽东指出："那是指的政权构成的形式问题，指的一定的社会

---

[1] 《毛泽东选集》第2卷，人民出版社1991年版，第676、674—675页。
[2] 《毛泽东选集》第4卷，人民出版社1991年版，第1480页。

阶级取何种形式去组织那反对敌人保护自己的政权机关。没有适当形式的政权机关，就不能代表国家。"①

在当时的中国，应该采取哪种组织形式呢？毛泽东认为，中国现在可以采取全国人民代表大会、省人民代表大会、县人民代表大会、区人民代表大会直到乡人民代表大会的系统，并由各级代表大会选举政府。但是这种选举不能是虚假的，必须实行无男女、信仰、财产、教育等差别的真正普遍平等的选举制，才能适合各革命阶级在国家中的地位。毛泽东最后归纳概括说："这种制度即是民主集中制。只有民主集中制的政府，才能充分地发挥一切革命人民的意志，也才能最有力量地去反对革命的敌人。"②

1945年，毛泽东在《论联合政府》的报告中，对新民主主义的政治进行了进一步的阐述。他指出，我们主张的新民主主义的政治，就是推翻外来的民族压迫，废止国内的封建主义和法西斯主义的压迫，并且主张在推翻和废止这些之后不是建立一个旧民主主义的政治制度，而是建立一个联合一切民主阶级的统一战线的政治制度。新民主主义的政权组织，应该采取民主集中制，由各级人民代表大会决定大政方针，选举政府，又是集中的，也就是说，在民主基础上的集中，在集中指导下的民主。只有这个制度，才既能表现广泛的民主，使各级人民代表大会有高度的权力；又能集中处理国事，使各级政府能集中地处理被各级人民代表大会所委托的一切事务，并保障人民的一切必要的民主活动。

---

① 《毛泽东选集》第2卷，人民出版社1991年版，第677页。
② 《毛泽东选集》第2卷，人民出版社1991年版，第677页。

毛泽东所阐述的新民主主义的国体和政体，为中华人民共和国的政治体制勾画了蓝图，也为新中国的成立打下了政治基础。

（三）新民主主义的经济纲领

"在中国建立这样的共和国，它在政治上必须是新民主主义的，在经济上也必须是新民主主义的。"[①] 新民主主义社会的经济纲领，规定没收封建阶级的土地归农民所有，没收官僚垄断资本归新民主主义的国家所有，保护民族工商业。新民主主义的经济基础即生产关系是五种经济成分并存，即社会主义的国营经济、半社会主义的合作社经济、私人资本主义经济、个体经济、国家和私人合作的国家资本主义经济。五种经济成分并不是"平分秋色"，其中国营经济是领导力量，起主导作用，它和合作社经济一起代表向社会主义发展的方向。这就是新民主主义的经济形态。

1.新民主主义的三大经济纲领

首先，要没收帝国主义和官僚资本办的大银行、大工业、大商业归新民主主义的共和国所有，这样就建立了社会主义性质的国营经济，国营经济也就成了国民经济的整个领导力量。

其次，虽然在中国建立了社会主义性质的国营经济，但新民主主义的共和国并不没收其他资本主义的私有财产，也不禁止不能操纵国计民生的资本主义生产的发展，这其中一个重要的原因就在于中国的经济发展水平是十分落后的。

[①]《毛泽东选集》第2卷，人民出版社1991年版，第678页。

再次，新民主主义的共和国将采取必要的方法，没收地主的土地，并将其分配给无地少地的农民，扫除农村中的封建土地关系，把土地变为农民所有，这就是孙中山所说的"耕者有其田"。在新民主主义的共和国，农村中的富农经济也是允许存在的，这就是"平均地权"的方针。在这个阶段上，一般地还不是建立社会主义的农业，但是在"耕者有其田"的基础上发展起来各种合作经济，也具有了社会主义的因素。

总之，正如毛泽东所说："中国的经济，一定要走'节制资本'和'平均地权'的路，决不能是'少数人所得而私'，决不能让少数资本家少数地主'操纵国民生计'，决不能建立欧美式的资本主义社会，也决不能还是旧的半封建社会。谁要是敢于违反这个方向，他就一定达不到目的，他就自己要碰破头的。"[①]因而，这种经济是新民主主义性质的经济。

我们注意到，毛泽东在文章中较多地引用了孙中山先生的言论。毛泽东这样做的目的是让更多的人、让一切真正的革命民主派容易接受新民主主义的经济纲领，并真正有力揭露国民党蒋介石集团是如何完全背叛了孙中山先生的主张的。

2.允许发展私人资本主义

在新民主主义的经济纲领中，允许私人资本主义的发展是比较特殊的内容。毛泽东在此后的一些文章中对此进行过进一步的论述。1945年，在《论联合政府》一文中，毛泽东针对有些人怀疑共产党发

---

① 《毛泽东选集》第2卷，人民出版社1991年版，第678—679页。

展私人资本主义的方针解释道:"有些人怀疑中国共产党人不赞成发展个性,不赞成发展私人资本主义,不赞成保护私有财产,其实是不对的。"毛泽东接着解释说:"民族压迫和封建压迫残酷地束缚着中国人民的个性发展,束缚着私人资本主义的发展和破坏着广大人民的财产。我们主张的新民主主义制度的任务,则正是解除这些束缚和停止这种破坏,保障广大人民能够自由发展其在共同生活中的个性,能够自由发展那些不是'操纵国民生计'而是有益于国民生计的私人资本主义经济,保障一切正当的私有财产。"[①]他认为,按照孙中山的原则和经验,中国的经济必须是由国家经营、私人经营和合作社经营三者组成。

那么,中国共产党人为什么不害怕发展私人资本主义经济呢?毛泽东针对人们的疑问作了进一步的回答。他指出:"有些人不了解中国共产党人为什么不但不怕资本主义,反而在一定的条件下提倡它的发展。我们的回答是这样简单:拿资本主义的某种发展去代替外国帝国主义和本国封建主义的压迫,不但是一个进步,而且是一个不可避免的过程。它不但有利于资产阶级,同时也有利于无产阶级,或者说更有利于无产阶级。现在的中国是多了一个外国的资本主义和一个本国的封建主义,而不是多了一个本国的资本主义,相反地,我们的资本主义是太少了。""我们共产党人根据自己对于马克思主义的社会发展规律的认识,明确地知道,在中国的条件下,在新民主主义的国家制度下,除了国家自己的经济、劳动人民的个体经济和合作社经济之外,一定要让私人资本主义经济在不能操纵国民生计的范围内获得发

[①] 《毛泽东选集》第3卷,人民出版社1991年版,第1058页。

展的便利，才能有益于社会的向前发展。"①

1947年12月，毛泽东所作的《目前形势和我们的任务》的报告中，对新民主主义的经济纲领作了阐释："没收封建阶级的土地归农民所有，没收蒋介石、宋子文、孔祥熙、陈立夫为首的垄断资本归新民主主义的国家所有，保护民族工商业。这就是新民主主义革命的三大经济纲领。"他进一步明确了新民主主义的经济发展方针，"总起来说，新中国的经济构成是：（1）国营经济，这是领导的成分；（2）由个体逐步地向着集体方向发展的农业经济；（3）独立小工商业者的经济和小的、中等的私人资本经济。这些，就是新民主主义的全部国民经济。而新民主主义国民经济的指导方针，必须紧紧地追随着发展生产、繁荣经济、公私兼顾、劳资两利这个总目标。一切离开这个总目标的方针、政策、办法都是错误的。"②

在中国革命胜利的前夜，1949年3月，我们党在西柏坡召开了党的七届二中全会，毛泽东在会上作了报告。在报告中，他对中国共产党为什么实行新民主主义的经济政策给予了进一步的回答。他指出："我们已经进行了广泛的经济建设工作，党的经济政策已经在实际工作中实施，并且收到了显著的成效。但是，在为什么应当采取这样的经济政策而不应当采取别样的经济政策这个问题上，在理论和原则性的问题上，党内是存在着许多糊涂思想的。这个问题应当怎样来回答呢？我们认为应当这样地来回答。中国的工业和农业在国民经济中的比重，就全国范围来说，在抗日战争以前，大约是现代性的工业

---

① 《毛泽东选集》第3卷，人民出版社1991年版，第1060—1061页。
② 《毛泽东选集》第4卷，人民出版社1991年版，第1253、1255—1256页。

占百分之十左右，农业和手工业占百分之九十左右。这是帝国主义制度和封建制度压迫中国的结果，这是旧中国半殖民地和半封建社会性质在经济上的表现，这也是在中国革命的时期内和在革命胜利以后一个相当长的时期内一切问题的基本出发点。从这一点出发，产生了我党一系列的战略上、策略上和政策上的问题。"①

3.中国社会的经济形态

在上述认识的基础上，毛泽东还对当时中国的社会经济形态作了进一步分析。他指出：

第一，中国当时已经有大约10%的现代性的工业经济，这是进步的，和古代不同的。正是由于有了这一点，中国才有了新的阶级和政党——无产阶级和资产阶级以及无产阶级政党和资产阶级政党。

第二，中国当时还有大约90%的分散的个体的农业经济和手工业经济，这是落后的，和古代没有多大区别的。但是和古代有区别的是，古代封建的土地所有制，现在被我们废除了，或者即将废除，在这一点上我们和古代是有区别的。但毛泽东指出，在今后一个相当长的时期内，我们的农业和手工业，就其基本形态来说，还将是分散的和个体的，就是说，是同古代近似的。

第三，中国的现代性工业的产值虽然只占国民经济总产值的10%左右，但是它却极为集中，最大和最主要的资本集中在帝国主义者及中国官僚资产阶级手中。新民主主义的共和国通过没收这些资本归国家所有，就掌握了国民经济的命脉，使国营经济成为了国民经济

---

① 《毛泽东选集》第4卷，人民出版社1991年版，第1429—1430页。

的领导成分。这一部分经济，就其性质来讲是社会主义性质的经济，而不是资本主义性质的经济。

第四，中国的私人资本主义工业，占据现代性工业的第二位，是一支不可忽视的力量。在革命胜利后一个相当长的时期内，还要尽可能地利用城乡私人资本主义的积极性，以利于国民经济的向前发展。在这一时期内，一切不是对国民经济有害而是对国民经济有利的城乡资本主义成分，都应当容许其存在和发展。但是中国资本主义的存在和发展不是不受限制的，我们要从各个方面对资本主义采取恰如其分的有伸缩性的限制政策。孙中山提出的"节制资本"的口号我们依然用得着。但是为了整个国民经济的利益，为了工人阶级和劳动人民在现在和将来的利益，决不能对私人资本主义经济限制得太大太死。

第五，对占国民经济总产值90%的分散的个体的农业经济和手工业经济，必须谨慎地、逐步地而又积极地引导它们向着现代化和集体化的方向发展，对其放任自流的观点是错误的。必须组织生产和消费的合作社。单有国营经济而没有合作社经济，我们党就不可能领导劳动人民的个体经济逐步地走向集体化，就不可能由新民主主义社会发展到将来的社会主义社会。毛泽东在对新民主主义的经济形态作了分析以后又总结道："国营经济是社会主义性质的，合作社经济是半社会主义性质的，加上私人资本主义，加上个体经济，加上国家和私人合作的国家资本主义经济，这些就是人民共和国的几种主要的经济成分，这些就构成了新民主主义的经济形态。"[1]新民主主义的经济纲领，是毛泽东根据中国当时的国情提炼升华出来的，是新民主主义经

---

[1]《毛泽东选集》第4卷，人民出版社1991年版，第1433页。

济建设的指导性纲领。

（四）新民主主义的文化纲领

毛泽东对新民主主义政治和经济纲领进行了阐释之后，接着又阐释了新民主主义的文化纲领。新民主主义社会的文化纲领规定了新民主主义的文化是反帝反封建的文化，也就是民族的科学的大众的文化。这种文化的民族性，强调它是反对帝国主义，主张中华民族的独立和尊严的；它同一切别的民族的社会主义文化和新民主主义文化相联合，建立互相吸收和互相发展的关系，共同形成世界的新文化，同时它有自己的民族形式，带有自己民族的特性。这种文化的科学性，强调反对一切封建思想和迷信思想，主张实事求是，主张客观真理，主张理论和实践的一致；它尊重本民族的历史，吸收古代文化的民主性的精华，剔除其封建性的糟粕。这种文化的大众性，强调它是民主的，应该为工农劳苦民众服务，并使之成为他们的文化。

1.两种旧的文化形态

毛泽东首先对半殖民地半封建中国的文化形态进行了区分。他指出："一定的文化是一定社会的政治和经济在观念形态上的反映。在中国，有帝国主义文化，这是反映帝国主义在政治上经济上统治或半统治中国的东西。这一部分文化，除了帝国主义在中国直接办理的文化机关之外，还有一些无耻的中国人也在提倡。一切包含奴化思想的文化，都属于这一类。在中国，又有半封建文化，这是反映半封建政治和半封建经济的东西，凡是主张尊孔读经、提倡旧礼教旧思想、反对新文化新思想的人们，都是这类文化的代表。帝国主义文化和半封建文化是非常亲热的两兄弟，它们结成文化上的反动同盟，反对中国的新文化。这类反动文化是替帝国主义和封建阶级服务的，是应该被打倒的东西。不把这种东西打倒，什么新文化都是建立不起来的。不破不立，不塞不流，不止不行，它们之间的斗争是生死斗争。"①

2.新民主主义的文化

毛泽东在对两种旧的文化形态进行批驳以后接着指出："至于新文化，则是在观念形态上反映新政治和新经济的东西，是替新政治新经济服务的。"②他认为，自从产生了资本主义经济以后，中国社会就逐渐改变了性质，就不是完全的封建社会了，变成了半封建社会。这种半封建社会中的资本主义经济相对于封建经济来说是一种新经济，与这种资本主义经济同时发生着和发展着的新政治力量就是资产阶级、小资产阶级和无产阶级的政治力量。而在观念形态上为这种新的经济力量和政治力量所反映并为它服务的东西就是新文化。没有资本主义经济，没有资产阶级、小资产阶级和无产阶级，没有这些阶级的政治力量，所谓新的观念形态，所谓新文化，都是无从发生的。

毛泽东认为，这种新生的政治、经济和文化力量和旧的政治、经济、文化力量进行着激烈的斗争。这种斗争从鸦片战争算起已经整整100年了，从辛亥革命算起，也有差不多30年了。但是革命也有新旧之分。中国100年来的资产阶级革命可以分为两个阶段，即前80年

---

① 《毛泽东选集》第2卷，人民出版社1991年版，第694—695页。
② 《毛泽东选集》第2卷，人民出版社1991年版，第695页。

和后20年两个阶段。这两个阶段有一个基本的特征，即前80年中国的资产阶级革命属于旧的范畴，后20年中国的资产阶级革命属于新的范畴。旧民主主义就是前80年的特点，新民主主义就是后20年的特点。

由于有了这种新旧民主主义革命的差别，反映在文化上也就有了新旧文化的区别。毛泽东指出："在中国文化战线或思想战线上，'五四'以前和'五四'以后，构成了两个不同的历史时期。在'五四'以前，中国文化战线上的斗争，是资产阶级的新文化和封建阶级的旧文化的斗争。在'五四'以前，学校与科举之争，新学与旧学之争，西学与中学之争，都带着这种性质。那时的所谓学校、新学、西学，基本上都是资产阶级代表们所需要的自然科学和资产阶级的社会政治学说（说基本上，是说那中间还夹杂了许多中国的封建余毒在内）。"[1]

在对这种五四运动之前的新学和旧学之间的关系作了介绍之后，毛泽东接着评价道："在当时，这种所谓新学的思想，有同中国封建思想作斗争的革命作用，是替旧时期的中国资产阶级民主革命服务的。"[2]可是，因为中国资产阶级的无力和世界已经进入到帝国主义时代，这种资产阶级思想只能上阵打上几个回合，就被外国帝国主义的奴化思想和中国封建主义的复古思想的反动同盟打退了。被这个思想上的反动同盟军稍稍一反攻，所谓新学就偃旗息鼓、宣告退却、失了灵魂，而只剩下它的躯壳了。旧的资产阶级民主主义文化，在帝国主

---

[1] 《毛泽东选集》第2卷，人民出版社1991年版，第696—697页。
[2] 《毛泽东选集》第2卷，人民出版社1991年版，第697页。

义时代,已经腐化、已经无力了,它的失败是必然的。

旧的资产阶级文化失败后,中国的文化呈现出一种什么样的状态呢?这就有赖于中国的无产阶级对革命的领导。毛泽东指出:"在'五四'以后,中国产生了完全崭新的文化生力军,这就是中国共产党人所领导的共产主义的文化思想,即共产主义的宇宙观和社会革命论。五四运动是在一九一九年,中国共产党的成立和劳动运动的真正开始是在一九二一年,均在第一次世界大战和十月革命以后,即在民族问题和殖民地革命运动在世界上改变了过去面貌之时,在这里中国革命和世界革命的联系,是非常之显然的。由于中国政治生力军即中国无产阶级和中国共产党登上了中国的政治舞台,这个文化生力军,就以新的装束和新的武器,联合一切可能的同盟军,摆开了自己的阵势,向着帝国主义文化和封建文化展开了英勇的进攻。"①

由于有了新的阶级的领导,这个新的文化生力军在对帝国主义文化和封建主义文化的斗争中取得了巨大的成就。"不论在哲学方面,在经济学方面,在政治学方面,在军事学方面,在历史学方面,在文学方面,在艺术方面(又不论是戏剧,是电影,是音乐,是雕刻,是绘画),都有了极大的发展。"毛泽东评论道:"二十年来,这个文化新军的锋芒所向,从思想到形式(文字等),无不起了极大的革命。其声势之浩大,威力之猛烈,简直是所向无敌的。其动员之广大,超过中国任何历史时代。"②

在以上分析的基础上,毛泽东总结说:"在'五四'以前,中国

---

① 《毛泽东选集》第2卷,人民出版社1991年版,第697页。
② 《毛泽东选集》第2卷,人民出版社1991年版,第697—698页。

的新文化，是旧民主主义性质的文化，属于世界资产阶级的资本主义的文化革命的一部分。在'五四'以后，中国的新文化，却是新民主主义性质的文化，属于世界无产阶级的社会主义的文化革命的一部分。""在'五四'以前，中国的新文化运动，中国的文化革命，是资产阶级领导的，他们还有领导作用。在'五四'以后，这个阶级的文化思想却比较它的政治上的东西还要落后，就绝无领导作用，至多在革命时期在一定程度上充当一个盟员，至于盟长资格，就不得不落在无产阶级文化思想的肩上。这是铁一般的事实，谁也否认不了的。"毛泽东最后又总结说："所谓新民主主义的文化，一句话，就是无产阶级领导的人民大众的反帝反封建的文化。"[1]

3.文化革命统一战线的四个时期

既然文化是观念形态上反映政治革命和经济革命的，并且是为他们服务的，那么在中国，文化革命和政治革命一样，也存在一个统一战线。这个统一战线分为四个时期。毛泽东说："这种文化革命的统一战线，二十年来，分为四个时期。第一个时期是一九一九年到一九二一年的两年，第二个时期是一九二一年到一九二七年的六年，第三个时期是一九二七年到一九三七年的十年，第四个时期是一九三七年到现在的三年。"[2]

第一个时期是从五四运动到中国共产党成立，其中五四运动是主要标志。五四运动是反帝反封建的爱国主义运动，并且带着辛亥革命

---

[1] 《毛泽东选集》第2卷，人民出版社1991年版，第698页。
[2] 《毛泽东选集》第2卷，人民出版社1991年版，第699页。

不曾有过的姿态，那就是彻底地反对帝国主义和封建主义。五四运动是在当时世界革命的号召之下、是在俄国革命号召之下、是在列宁号召之下发生的。五四运动是无产阶级世界革命的一部分。五四运动时期还没有中国共产党，但是已经有了大批的赞成俄国革命的具有初步共产主义思想的知识分子。五四运动开始是没有工人阶级参加的，但是到了1919年6月3日后，广大的无产阶级也参加了进来，成了全国范围的革命运动。五四运动所进行的文化革命是彻底地反对封建文化的运动，是一场伟大的文化革命。五四运动以反对旧道德提倡新道德、反对旧文学提倡新文学为文化革命的两大旗帜，立下了伟大的功劳。但是当时这个文化运动还没有普及到工农群众中去。虽然其提倡平民文学，但是当时所谓的平民还只限于城市小资产阶级和资产阶级的知识分子。此外，五四运动还在思想上和干部储备上为中国共产党在1921年的诞生准备了条件。

第二个时期以中国共产党的成立和五卅运动、北伐战争为标志。在这个时期，统一战线继续并发展了五四运动时期的三个阶级，吸引了农民阶级的加入，并在政治上形成了各个阶级的统一战线，这就是第一次国共合作。

孙中山先生不但领导辛亥革命取得了胜利，并且提出了联俄、联共、扶助农工三大政策，对三民主义作了新的解释，树立了具有三大政策的新的三民主义。之前的旧三民主义和教育界、学术界、青年界是没有多大联系的，因为其没有提出反对帝国主义、反封建社会制度和反封建思想文化的口号。旧的三民主义被看作是一部分人为了夺取权力而临时应用的旗帜，被看成是为了纯粹的政治目的而树立起来的旗帜。在这之后，出现了新三民主义，这是国共两党合作的政治基础。由于国共两党的合作，这种新三民主义被推广到了全国，推广到了一部分教育界、学术界和广大青年学生当中。三民主义之所以得以广泛传播的一个重要原因就是其发展成了反帝反封建的新三民主义。

有了新三民主义这个政治基础，国共两党结成了统一战线。以阶级论，则是无产阶级、农民阶级、城市小资产阶级、资产阶级结成了统一战线。中国共产党创办的《向导周报》、国民党创办的上海《民国日报》以及各地的报纸曾共同宣传了反对帝国主义的主张，共同反对尊孔读经的封建教育，共同反对封建的旧文学和文言文，提倡以反封建为主要内容的新文学和白话文，并且在广东战争和北伐战争的过程中，在军队中进行了广泛的反帝反封建思想的教育，改造了中国的军队。在人民群众中间，提出了打倒贪官污吏、土豪劣绅的主张，掀起了伟大的农民革命。但是以蒋介石为代表的南京国民政府代表大地主、大资产阶级的利益，叛变了革命，致使轰轰烈烈的大革命失败了。

第三个时期是从1927年到1937年。因为在前一个时期末，中国革命营垒发生了变化，中国大资产阶级转到了帝国主义和封建主义的反革命营垒，民族资产阶级也附和了大资产阶级。这时候，只剩下无产阶级、农民阶级和其他小资产阶级还在革命营垒中，中国革命被迫进入了一个新时期，那就是中国共产党单独领导群众进行革命的时期。这一时期包含两个方面的内容：一方面，是反革命的"围剿"，包括军事"围剿"和文化"围剿"；另一方面，是革命的深入，包括农村革命的深入和文化革命的深入。

这两种"围剿",在帝国主义的策动下,曾经动员了全中国和全世界的反革命力量,从时间跨度上来说长达10年之久,其残酷程度在世界范围内是前所未有的:几十万共产党员和青年学生惨遭杀戮,几百万工人农民受到摧残压迫。在国民党反动派看来,共产主义和共产党一定是可以"绞尽杀绝"的,但是结果却相反,两种"围剿"都失败了。作为军事"围剿"的结果,红军开始了北上抗日;作为文化"围剿"的结果,1935年"一二九"青年革命运动爆发了;而作为这两种"围剿"的共同结果,则是全国人民的觉悟。

对于中国共产党来说,国民党的"围剿"产生的这三种结果都是积极的。其中最奇怪的是,共产党在国民党统治区域内的一切文化机关长期处于毫无抵抗力的状态,但是国民党的文化"围剿"还是一败涂地,并且共产主义者鲁迅在这一"围剿"之中成为了中国文化革命的伟人。

当然,这种反革命的"围剿"也产生了消极的结果,那就是日本帝国主义趁机进攻中国。这一时期,革命势力是坚持了人民大众反帝反封建的新民主主义和新三民主义,而反革命则是帝国主义指挥下的地主阶级和大资产阶级联盟的专制主义。这种专制主义,在政治上、文化上腰斩了孙中山的三大政策,腰斩了他的新三民主义,造成了中华民族的深重灾难。

第四个时期是抗日战争时期。这一时期,中国的四个阶层再次结成了统一战线,但是范围更大,上层包括了很多统治者,中层阶级包括了民族资产阶级和小资产阶级,下层包括了一切无产阶级。全国各个阶层都成了盟员,坚决地反抗日本帝国主义。这一时期的第一个阶段，是在武汉失陷以前。武汉失陷以后，为这一时期的第二阶段，在政治上发生了一定的变化。大资产阶级的一部分投降了敌人，另一部分也想早日结束抗战。在文化方面，出现了叶青、张君劢的反动言论和出版的不自由。为了克服这种危机，必须同一切反对抗战、反团结、反进步的思想进行斗争，不击破这些反动的思想，抗战的胜利是无望的。

4.新民主主义文化与社会主义文化的区别与联系

新民主主义社会的前途是社会主义，但是新民主主义毕竟不是社会主义。作为新民主主义政治、经济的观念反映，新民主主义的文化和社会主义的文化也是既有区别又有联系的。

新民主主义的文化含有社会主义文化的因素。正如毛泽东所说："当作国民文化的方针来说，居于指导地位的是共产主义的思想，并且我们应当努力在工人阶级中宣传社会主义和共产主义，并适当地有步骤地用社会主义教育农民及其他群众。""新民主主义的政治、经济、文化，由于其都是无产阶级领导的缘故，就都具有社会主义的因素，并且不是普通的因素，而是起决定作用的因素。"[①]当时的中国革命是世界无产阶级社会主义革命的一部分，因此当时的中国新文化也是世界无产阶级社会主义新文化的一部分，是它的一个伟大的同盟军。这就是新民主主义文化和社会主义文化在当时那一阶段的联系。在新民主主义革命阶段，因为有了共产党的领导，并以马克思主义为指导，同时又以共产主义为最终的奋斗目标，新民主主义的文化中就

---

① 《毛泽东选集》第2卷，人民出版社1991年版，第704—705页。

蕴含了社会主义文化的因素，并且是起着决定作用的因素。

但是，在新民主主义阶段，就整个政治情况、经济情况和文化情况来说，却还不是社会主义的，而是新民主主义的，这是由新民主主义革命阶段的基本任务决定的。在新民主主义革命阶段，其基本任务主要是反对外国的帝国主义和本国的封建主义，革命性质仍然是资产阶级的民主革命，还不是以推翻资本主义为目标的社会主义革命。与之相对应，如果以为当时整个国民文化领域都是或者应该是社会主义的国民文化，这是不对的。人们之所以会犯这种错误，那是因为"把共产主义思想体系的宣传，当作了当前行动纲领的实践；把用共产主义的立场和方法去观察问题、研究学问、处理工作、训练干部，当作了中国民主革命阶段上整个的国民教育和国民文化的方针。以社会主义为内容的国民文化必须是反映社会主义的政治和经济的。我们在政治上经济上有社会主义的因素，反映到我们的国民文化也有社会主义的因素；但就整个社会来说，我们现在还没有形成这种整个的社会主义的政治和经济，所以还不能有这种整个的社会主义的国民文化"①。虽然中国的革命是世界无产阶级革命的一部分，中国的新文化也是世界无产阶级文化的一部分，"但是就整个国民文化来说，还不是完全以社会主义文化的资格去参加，而是以人民大众反帝反封建的新民主主义文化的资格去参加的。由于现时中国革命不能离开中国无产阶级的领导，因而现时的中国新文化也不能离开中国无产阶级文化思想的领导，即不能离开共产主义思想的领导。但是这种领导，在现阶段是领导人民大众去作反帝反封建的政治革命和文化革命，所以现在整个

---

① 《毛泽东选集》第2卷，人民出版社1991年版，第705页。

新的国民文化的内容还是新民主主义的,不是社会主义的"①。

毛泽东最后还进行了补充说明,他认为,在当时,毫无疑问,应该扩大共产主义思想的宣传,加紧对马克思列宁主义的学习,因为没有这种宣传和学习,不但不能引导中国革命到社会主义阶段上去,而且也不能指导现时的中国革命达到胜利。应把对共产主义思想体系和社会制度的宣传同对于新民主主义的行动纲领的实践区别开来,又应把作为观察问题、研究学问、处理工作、训练干部的共产主义的理论和方法同作为整个国民文化的新民主主义的方针区别开来,把二者混为一谈是不适合的。

毛泽东最后对新民主主义的文化进行了总结概括,那就是在当时的阶段"中国新的国民文化的内容,既不是资产阶级的文化专制主义,又不是单纯的无产阶级的社会主义,而是以无产阶级社会主义文化思想为领导的人民大众反帝反封建的新民主主义"②。

5. 毛泽东对民族的、科学的、大众的文化的阐释

毛泽东批驳了资产阶级文化和中国封建的旧文化,对新民主主义文化作了科学的界定,并对新民主主义革命统一战线的四个时期做了划分,明确指出了新民主主义文化和社会主义文化的区别和联系,还在此基础上具体阐释了新民主主义的文化纲领。

第一,新民主主义文化是民族的。因为"它是反对帝国主义压迫,主张中华民族的尊严和独立的。它是我们这个民族的,带有我们

---

① 《毛泽东选集》第2卷,人民出版社1991年版,第705—706页。
② 《毛泽东选集》第2卷,人民出版社1991年版,第706页。

民族的特性。它同一切别的民族的社会主义文化和新民主主义文化相联合，建立互相吸引和互相发展的关系，共同形成世界的新文化；但是决不能和任何别的民族的帝国主义反动文化相联合，因为我们的文化是革命的民族文化"[1]。

但是我们这种民族的文化决不是那种固步自封、孤芳自赏的文化。我们这种民族的文化同时也应该大量吸收外国的进步文化，包括外国古代文化、资本主义启蒙时代的文化。凡是我们今天用得着的东西，都应该吸收为自己的文化粮食的原料，这种工作过去做得还不是很够。

但这种对外国文化的吸收借鉴也绝对不是照搬照抄式的，不是生吞活剥式的。对此，毛泽东作了一个生动的比喻：我们吸收和借鉴外国文化好比我们对于食物的吸收一样，必须经过自己的口腔咀嚼和肠胃蠕动，送进唾液胃液肠液，经过消化的过程，把食物分为精华和糟粕两部分，然后抛弃其糟粕，吸收其精华，才能对身体有益。因此，那种主张全盘西化的观点当然是一种错误的观点。

毛泽东接着结合党的历史上的经验教训谈了形式主义地吸收马克思主义的危害。中国共产主义者必须把马克思主义的普遍真理和中国革命的具体实践完全地恰当地统一起来，经过一定的民族形式进行吸收，才有用处，而决不能主观地公式地应用它，否则就会犯"左"或者右的错误。在中国共产党的历史上，因为没有注意把马克思列宁主义的普遍真理和中国革命的具体实践相结合，就曾经发生过陈独秀的右倾机会主义错误，瞿秋白、李立三的"左"倾盲动主义错误以及王

---

[1] 《毛泽东选集》第2卷，人民出版社1991年版，第706页。

第二章 《新民主主义论》的主要内容

明的"左"倾教条主义错误，这些错误都曾经给我们党造成了极大的危害。"公式的马克思主义者，只是对马克思主义和中国革命开玩笑，在中国革命队伍中是没有他们的位置的。中国文化应有自己的形式，这就是民族形式。"作为新民主主义的文化，对外来文化的吸收和借鉴，必须结合自己的国情。"民族的形式，新民主主义的内容——这就是我们今天的新文化。"[①]

第二，新民主主义的文化是科学的，因为新民主主义的文化是反对一切封建思想和迷信思想的，是主张实事求是、主张客观真理、主张理论和实践一致的。毛泽东认为，中国无产阶级的科学思想能够和中国还有进步性的资产阶级的唯物论者和自然科学家建立反帝反封建反迷信的统一战线，但是决不能和任何反动的唯心论建立统一战线。共产党员可以和某些唯心论者甚至宗教徒建立在政治行动上的反帝反封建的统一战线，但是决不能赞同他们的唯心论或宗教教义。对于中国长期封建社会中创造的灿烂的古代文化，毛泽东认为要清理古代文化，剔除其封建性的糟粕，吸收其民主性的精华，这是发展民族新文化、提高民族自信心的必要条件，但是决不能无批判地兼收并蓄。毛泽东还认为，必须将古代封建统治阶级的一切腐朽的东西和古代优秀的人民文化区别开来，因为古代优秀的人民文化是多少带有民主性和革命性的。中国现在的新政治和新经济是从古代的旧政治、旧经济发展来的，中国现在的新文化也是从古代的旧文化发展而来的。告诉年轻人这个事实的目的，是为了不让年轻人割断历史，要尊重历史，但决不是厚古薄今，不是赞扬任何封建性的毒素，是为了引导人民群众

[①]《毛泽东选集》第2卷，人民出版社1991年版，第707页。

向前看而不是向后看。

　　第三，新民主主义的文化是大众的。新民主主义的文化应该为全民族中90%以上的工农劳苦民众服务，并逐渐成为这些劳苦民众的文化。毛泽东认为，要把教育革命干部的知识和教育革命大众的知识在程度上互相区别又互相联系起来，把提高和普及互相区别又互相联系起来。为什么要对人民大众进行革命的文化教育呢？因为革命文化对于人民大众来说，是革命的有力武器。在革命前，革命文化是革命的思想准备；在革命中，革命文化是革命总战线中的一条必要和重要的战线。革命的文化工作者，就是这个战线上的各级指挥员。革命的文化对于革命的实践行动具有非常重要的指导作用，列宁也曾经说过，没有革命的理论，就不会有革命的运动。毛泽东结合当时抗日战争的实际情况提出，在抗日战争中，中国人民应该有自己的文化军队，这个军队就是人民大众。革命的文化人不接近人民大众就是"无兵司令"，他的火力就打不倒敌人。毛泽东为此提出，为达到以上的目的，文字必须在一定条件下进行一定的改革，使言语接近民众，民众才是革命文化无限丰富的源泉。

　　1942年5月，毛泽东《在延安文艺座谈会上的讲话》对新民主主义的文化是大众的作了进一步的解释。他指出："为什么人的问题，是一个根本的问题，原则的问题。"他说："既然文艺工作的对象是工农兵及其干部，就发生一个了解他们熟悉他们的问题。而为要了解他们，熟悉他们，为要在党政机关，在农村，在工厂，在八路军新四军里面，了解各种人，熟悉各种人，了解各种事情，熟悉各种事情，就需要做很多的工作。我们的文艺工作者需要做自己的文艺工作，但是这个了解人熟悉人的工作却是第一位的工作。"①毛泽东还提出，以前文艺工作者对这些情况是不熟悉的，是英雄无用武之地，主要是两个方面的不熟悉：第一，人不熟。文艺工作者同自己的描写对象和作品接受者不熟悉，不熟悉工人、士兵以及他们的干部。第二，语言不熟。文艺工作者对于人民群众的丰富的生动的语言，缺乏充分的认识。许多文艺工作者由于自己脱离群众、生活空虚，当然也就不熟悉人民群众的语言，因此这些人的文艺作品就显得语言无味，而且里面常常夹杂着一些生造出来的和人民的语言相对立的不三不四的词句。那什么才是真正的大众化呢？就是说我们文艺工作者的思想感情应和工农兵大众的思想感情打成一片，要认真学习群众的语言，不然就会英雄无用武之地，也就是说讲一套大道理而群众并不会赏识，并且在群众面前，越是摆自己的老资格，越是显得自己是个英雄，群众越是不买账。毛泽东还以自身对人民群众感情变化的过程为例，讲了自己的感情从一个阶级向另外一个阶级转变的过程。他认为，我们知识分子出身的文艺工作者，要使自己的作品为群众所欢迎，就得把自己的思想感情来一个变化，来一番改造。没有这个变化，没有这个改造，什么事情都是做不好的，都是格格不入的。

毛泽东对新民主主义的文化总结概括道："民族的科学的大众的文化，就是人民大众反帝反封建的文化，就是新民主主义的文化，就是中华民族的新文化。"②

毛泽东最后又总结说："新民主主义的政治、新民主主义的经济

---

① 《毛泽东选集》第3卷，人民出版社1991年版，第857、850页。
② 《毛泽东选集》第2卷，人民出版社1991年版，第708—709页。

和新民主主义的文化相结合，这就是新民主主义共和国，这就是名副其实的中华民国，这就是我们要造成的新中国。"①

（五）从新民主主义社会向社会主义社会的转变

在新民主主义社会论中，还有一个重要内容，就是从新民主主义社会向社会主义社会转变的问题。大家知道，中国共产党从它成立的那天起，就把建立社会主义社会制度作为奋斗目标。建立新民主主义社会，目的是为转变到社会主义社会作准备。那么，何时、如何才能转变到社会主义社会去呢？

按照最初的设想，新民主主义社会是一个相当长时间的过程。1944年7月14日，毛泽东在同英国记者斯坦因谈话时说："我们目前的新民主主义政策在任何条件下都将必须继续实行，而且还要实行相当长的一个时期。"他甚至说："中国到达社会主义和共产主义阶段，比起你们经济高度发达的西方国家，很可能要晚相当长的时间。"②第二年，毛泽东在党的七大书面报告《论联合政府》中又强调："在中国，为民主主义奋斗的时间还是长期的。"③尽管毛泽东没有明确说新民主主义社会是一种社会形态，但是从他对新民主主义社会进程时间的估计，我们有理由认为，"一方面有资本主义因素的发展，又一方面有社会主义因素的发展"的新民主主义社会，应当是一个比较长的过程，中国共产党不是把它当作权宜之计，而是作为一种社会形态，也就是一个较长的历史阶段。因此，为从新民主主义社会向社会主

---

① 《毛泽东选集》第2卷，人民出版社1991年版，第709页。
② 《毛泽东文集》第3卷，人民出版社1996年版，第183页。
③ 《毛泽东选集》第3卷，人民出版社1991年版，第1060页。

社会转变作准备，也就需要较长的过程。毛泽东这样解释道："在将来，民主主义的革命必然要转变为社会主义的革命。何时转变，应以是否具备了转变的条件为标准，时间会要相当地长。不到具备了政治上经济上一切应有的条件之时，不到转变对于全国最大多数人民有利而不是不利之时，不应当轻易谈转变。"[①]新中国成立前夕，毛泽东对这个转变的时间曾经有过一个"大概二三十年"的说法。当然，这个时间也只能理解为一种大致的预计。"二三十年"同新民主主义革命进程的时间大体相当，也可以视作一个较长的过程吧。

至于转变的条件，毛泽东曾经提出过一些设想，比如无产阶级和共产党在全国政治势力中的比重的增长，民主共和国的国营经济和合作社经济的发展以及有利的国际环境。新中国成立初期，毛泽东的阐述更加全面。他指出："在将来，在国家经济事业和文化事业大为兴盛了以后，在各种条件具备了以后，在全国人民考虑成熟并在大家同意了以后，就可以从容地和妥善地走进社会主义的新时期。"[②]在转变的方式上，毛泽东早就设想了"不流血的转变"，并要求"力争"这种方式。新中国成立前夕，毛泽东提出，对分散的个体农业和个体手工业，必须谨慎地、逐步地而又积极地引导它们向着现代化和集体化的方向发展；对私人资本主义，则要进行教育和改造。

新民主主义革命胜利后，首先建立起了新民主主义的社会制度，并经过新民主主义社会的发展，然后转变到社会主义社会，解决了结束半殖民地半封建社会的中国在生产力水平低下、经济文化落后的情

---

① 《毛泽东选集》第1卷，人民出版社1991年版，第160页。
② 《毛泽东文集》第6卷，人民出版社1999年版，第80页。

况下，如何经过一个历史阶段的发展建立社会主义社会的问题。新民主主义社会论是以毛泽东同志为主要代表的中国共产党人的又一个完全的独创。马克思阐述的人类社会五种形态没有"新民主主义社会"这种形态，在马克思主义学说的词典中也找不到这个概念。那么，这是不是意味着脱离了马克思主义呢？当然不是。毛泽东指出："只有经过民主主义，才能到达社会主义，这是马克思主义的天经地义。"[①]所以，我们不仅没有脱离马克思主义，反而对马克思主义进一步进行了丰富和发展。在整个新民主主义理论中，新民主主义社会论都是对马克思主义最富创造性的理论贡献。

三、《新民主主义论》对错误思想的批驳

在《新民主主义论》一文中，毛泽东除了阐述了中国共产党对于新民主主义的政治、新民主主义的经济以及新民主主义的文化也就是整个新民主主义共和国的战略构想之外，还对关于中国革命前途和命运的几种错误的指导思想进行了批驳。例如，对资产阶级专政的思想、对"左"倾空谈主义思想的批驳以及对顽固派的批驳。

（一）对资产阶级专政的批驳

中国革命胜利后，在中国究竟要建立一个怎样的国家，各个阶级都有着自己的主张：资产阶级主张建立资产阶级的共和国。他们的主要理由是：中国无产阶级的力量还比较弱小，而农民阶级又是一个比

[①]《毛泽东选集》第3卷，人民出版社1991年版，第1060页。

第二章 《新民主主义论》的主要内容

较涣散的阶级，只有资产阶级才能担当起领导革命的重任。资产阶级民主革命只能由资产阶级来领导，无产阶级在这一阶段的历史使命就是帮助资产阶级夺得革命的领导权，完成资产阶级革命。等到资产阶级共和国建立，资本主义经过充分发展之后，才能进行无产阶级领导的社会主义革命。陈独秀就是持这种主张的。受这种思想的影响，中国共产党曾经犯了右倾的错误，导致了大革命的失败。并且，当时当权的以蒋介石为代表的国民党极力宣传资产阶级共和国在中国的合理合法性。所以，资产阶级共和国的思想在当时的中国社会上还是有一定的影响的。为了澄清人们思想中的疑虑，毛泽东结合当时的国内外形势，对这种思想进行了透彻的批驳，指出资产阶级共和国的道路在中国是走不通的。"走建立资产阶级专政的资本主义社会之路吗？诚然，这是欧美资产阶级走过的老路，但无如国际国内的环境，都不容许中国这样做。"[①]

首先，从国际环境上看，资产阶级共和国的道路是走不通的。从国际环境上看，基本上是资本主义和社会主义斗争的环境，是资本主义向下没落、社会主义向上生长的环境。要在中国建立资产阶级专政的资本主义社会，国际资本主义即帝国主义是不允许的，这从中国近代的历史就可以看出来。中国近代的历史是怎样的呢？帝国主义侵略中国，反对中国独立，反对中国发展资本主义的历史，这就是中国的近代史。中国近代以来历次革命的失败，都是被帝国主义绞杀的，无数革命的先烈为此而抱终天之恨。在当时的阶段，是日本帝国主义侵略中国，要把中国变成殖民地，是在中国发展日本的资本主义而不是

[①] 《毛泽东选集》第2卷，人民出版社1991年版，第679页。

发展中国的资本主义，是日本资产阶级在中国专政而不是中国资产阶级专政。虽然列宁说帝国主义是垂死的资本主义，但是正是因为它快要死了，它就更加依赖殖民地和半殖民地生活，决不允许在殖民地半殖民地建立什么资产阶级专政的资本主义社会。在抗日战争阶段，日本帝国主义陷在严重的政治和经济危机的深坑之中，就是说，它越接近死亡，就一定要把中国变为它的殖民地，这样就断绝了在中国建立资产阶级专政和发展民族资本主义的道路。

其次，社会主义国家不允许中国走资本主义道路。在当时的世界上，所有的帝国主义国家都是中国的敌人，因为中国是半殖民地半封建社会，所有的帝国主义国家都要侵略中国。在这种情况下，中国要独立，决不能离开社会主义国家和国际无产阶级的援助。就是说，不能离开苏联的援助，不能离开日本、英国、法国、美国、德国、意大利等国家的无产阶级在其本国进行的反对资本主义斗争的援助。这并不意味着中国革命的胜利一定要在日本、英国、法国、美国、德国、意大利等国家之后才能取得胜利，但是必须取得它们的力量的支持，这是没有疑义的。特别是当时世界上社会主义的首领苏联的援助，是中国取得抗战胜利所不可缺少的条件。如果拒绝苏联的援助，中国的革命就要失败。中国曾经发生了反对苏联的活动。1927年，蒋介石叛变革命后，国民党政府进行了一系列的反苏活动。例如，1927年12月13日，国民党反动派枪杀了苏联驻广州的副领事。同月14日，南京国民党政府下了"绝俄令"，不承认苏联驻各省领事，勒令各省苏联商业机构停止营业。1929年7月，蒋介石又受到帝国主义的唆使，在东北向苏联挑衅，引起了军事冲突。当时的世界大势，是处在革命和战争的时代,是资本主义决然死灭和社会主义决然兴盛的时代。在这种情形下,要在中国反帝反封建胜利之后建立资产阶级专政的资本主义社会,完全是痴人说梦。

毛泽东又进一步解释道,由于特殊的条件,在第一次世界大战和十月革命之后,在土耳其还曾经有过一个小小的资产阶级专政的政权,也就是基尔马式的资产阶级专政。所谓基尔马又译作凯末尔,是第一次世界大战后土耳其民族商业资产阶级的代表。在第一次世界大战后,帝国主义指使希腊对土耳其进行武装侵略,土耳其人民得到苏俄的援助,于1922年战胜了希腊军队。1923年,土耳其建立了资产阶级专政的共和国,凯末尔当选为总统。但是在第二次世界大战和苏联已经完成社会主义建设之后,就绝不会再产生另一个土耳其,尤其是不容许有一个4.5亿人口的土耳其了。由于中国的特殊条件以及资产阶级的软弱性和妥协性,加上无产阶级的强大和革命的彻底性,中国从来也没有过土耳其的那种经历。1927年第一次大革命失败后,中国资产阶级分子也曾经高唱过基尔马主义,但是在中国这种情况是行不通的。就连在土耳其,基尔马的资产阶级共和国最后也不得不投入英法帝国主义的怀抱,一天天变成了半殖民地,变成了帝国主义反动世界的一部分。在当时的情况下,殖民地半殖民地国家的人民只有两种选择:一种是站在帝国主义战线方面,变成世界反革命力量的一部分;另一种是站在反帝国主义的战线方面,即变为世界革命力量的一部分。这两条道路只能选择其一,没有其他的道路可走。

最后,依据当时的国内环境,资产阶级共和国的道路在中国是走不通的。中国的资产阶级是以大资产阶级为首的。1927年,中国革命在无产阶级、农民、小资产阶级的共同努力下刚刚取得胜利的时候，中国的大资产阶级就一脚踢开了这些人民大众，独占了革命的果实，转过头来和帝国主义以及封建势力结成了反革命联盟。之后，以蒋介石为首的大资产阶级进行了10年的所谓"剿共"内战。10年"剿共"并没有剿出一个资产阶级专政的资本主义社会，中国仍然是一个半殖民地半封建社会。在中国内战不断的时候，外部势力又乘机入侵。1931年，日本帝国主义发动了九一八事变，之后占领东北三省，建立了"满洲国"。1937年，日本发动卢沟桥事变，开始了全面侵华。抗日战争开始后，国民党虽然和共产党再次合作，开始了全民族抗战，但是蒋介石仍然没有放弃"反共""剿共"的企图。以汪精卫为首的亲日派公开叛变革命，进行"剿共"、分裂抗日民族统一战线的活动，以蒋介石为首的国民党亲英美派，随着抗战形势的发展，也开始消极抗日、积极反共，通过"限共""溶共""反共"的方针，先后通过了《限制异党活动办法》《异党问题处理办法》《处理异党问题实施方案》。对于这种情况，毛泽东指出："我们诚心诚意地奉劝这些先生们，你们也应该睁开眼睛看一看中国和世界，看一看国内和国外，看一看现在是什么样子，不要再重复你们的错误了。再错下去，民族命运固然遭殃，我看你们自己的事情也不大好办。这是断然的，一定的，确实的，中国资产阶级顽固派如不觉悟，他们的事情是并不美妙的，他们将得到一个自寻死路的前途。所以我们希望中国的抗日统一战线坚持下去，不是一家独霸而是大家合作，把抗日的事业弄个胜利，才是上策，否则一概是下策。"[1]

---

[1] 《毛泽东选集》第2卷，人民出版社1991年版，第682—683页。

毛泽东通过对国际、国内情况的分析，有力驳斥了国民党顽固派企图在中国建立一党专政的资产阶级共和国的错误观点，澄清了人们在思想认识上的误区，肃清了这种不正确的认识对人们的影响，从而使人们对新民主主义共和国的认识更加明确和清晰。

（二）对"左"倾空谈主义的批驳

在中国革命发展的道路问题上，毛泽东主张中国革命应该分两步走：第一步是新民主主义革命，第二步是社会主义革命，将来要发展到社会主义。但是在抗日战争时期，中国革命的主要任务是反帝反封建，这个任务没有完成之前，后一个任务是完不成的，这就是中国革命的正确道路。在中国革命发展的道路问题上，除了存在着"二次革命论"这种错误的观点外，还存在着"一次革命论"的错误论调。这种所谓的"一次革命"论者，一种是故意制造舆论，混淆两个不同的革命阶段，实际上是鼓吹资产阶级专政，是不要革命论者；另一种则是不知道中国革命应该分为两个阶段，混淆了两个不同阶段革命的主要任务，主张毕其功于一役。这两种主张都是有害的。毛泽东在《新民主主义论》中对这两种错误的观点分别进行了批驳。

其一，国民党的顽固派和一些宣传家们故意混淆了两个不同的革命阶段，提倡所谓"一次革命论"。他们鼓吹革命都包括在三民主义里面，三民主义是万能的，是包罗万象的，共产主义没有存在的理由。他们进行这种舆论宣传的主要目的就是反对共产党和共产主义，反对八路军、新四军和陕甘宁边区的存在。其险恶用心是想消灭任何革命，反对资产阶级民主革命的彻底性，反对抗日战争的彻底性，从而为投降日寇做舆论准备。毛泽东接着进一步指出了出现这种情况的原因，是由于日本帝国主义有计划地侵略中国。日本帝国主义攻陷武汉以后，深知单单通过军事手段并不能完全使中国屈服，于是开始着手对中国进行政治进攻和经济诱惑。所谓政治进攻，就是在抗日阵线中诱惑动摇分子，分裂统一战线，破坏国共合作。所谓经济诱惑，就是日本将中国资本家的原有资本发还给他们，折合计算，充作新的资本，和日本人进行经济合作。这样一来，一些丧尽天良的资本家就见利忘义，鼓动一些文人制造舆论，鼓吹共产主义不适合中国国情，共产党在中国没有存在之必要，八路军和新四军破坏抗日、游而不击，陕甘宁边区是封建根据地等。这些人进行舆论鼓吹的目的是为投降日本帝国主义做舆论准备，其实质是不要革命，其真实目的是获取自己的私利，而把全民族的利益出卖给了日本帝国主义者。

其二，和另外一些恶意鼓吹"一次革命论"的人相比，这些人并没有恶意，但是他们也迷惑于"一次革命论"，这些人主要是党内一些具有"左"倾错误思想的人。大革命失败后，中国革命陷入了低潮，一些共产党人对国民党的血腥屠杀充满了仇恨，幻想党领导人民群众一举推翻国民党的反动统治，就像俄国十月革命一样，建立全国范围的苏维埃政权。他们之所以会犯这种错误的主要原因是由于当时没有认识到中国革命已经陷入了低潮，没有分清楚中国革命应该分为两个阶段、分两步走，而是错误地认为政治革命和社会革命可以毕其功于一役。这种观点也是有害的，因为它没有分清楚革命的阶段，也没有搞清楚当前革命的主要任务，这对革命的发展当然是不利的。马克思主义的革命发展论认为中国革命应该分为两步走，第一步是反帝反封建，建立新民主主义的共和国，第二步是在第一步的基础上进行社会主义革命，建立社会主义社会，这两者中间决不允许插进来一个资产阶级专政。如果想把社会主义革命阶段的任务合在民主主义任务上去完成，那也是不现实的。正如毛泽东所说的那样："中国现在的革命任务是反帝反封建的任务，这个任务没有完成以前，社会主义是谈不到的。中国革命不能不做两步走，第一步是新民主主义，第二步才是社会主义。而且第一步的时间是相当地长，决不是一朝一夕所能成就的。我们不是空想家，我们不能离开当前的实际条件。"①

（三）对顽固派的批驳

资产阶级顽固派为了推行其一党专制，在指导思想上也一味鼓吹一个主义，即三民主义。资产阶级顽固派还振振有词地宣称，共产党既然把社会主义制度推到后一个阶段去了，既然又宣称"三民主义为中国今日之必需，本党愿为其彻底实现而奋斗"，那么，就应把共产主义暂时收起好了。这种言论，在所谓"一个主义"的标题之下，已经变成了一种狂妄的叫嚣。其本质就是顽固分子们的资产阶级专制主义。为了消除这种思想的影响，毛泽东对其进行了批驳。

首先，毛泽东对共产主义思想体系进行了一个明确的说明。他认为，共产主义既是无产阶级的整个思想体系，又是一种新的社会制度，这种思想体系和社会制度是区别于别的思想体系和社会制度的，是人类历史上最为先进的社会制度和思想体系。为什么说共产主义是最为先进的思想体系和社会制度呢？因为在人类历史上，封建

---

① 《毛泽东选集》第2卷，人民出版社1991年版，第683—684页。

主义的思想体系和社会制度已经完全过时了，已经为时代所抛弃。在当时看来，资本主义的思想体系和社会制度也已经比较落后了，有一部分已经进了历史的博物馆，这部分是在苏联发生的。苏联发生了十月革命，建立了社会主义制度，资本主义制度在苏联已经为时代所抛弃。但是资本主义制度在别的地方还是存在的，且已经呈现出没落之势，用毛泽东的话来说就是"日薄西山，气息奄奄，人命危浅，朝不虑夕"。与这两种思想体系和制度相比较，只有共产主义的思想体系和社会制度是最先进的。在中国，自从有了科学的共产主义思想体系和社会制度，人们的眼界提高了，中国革命的面目也改变了。中国的民主革命当然离不开共产主义思想的指导。有了共产主义思想的指导，中国的民主革命才能取得成功。中国的社会主义革命当然更是离不开共产主义思想的指导。资产阶级顽固派的目标是建立资产阶级专政的政权，这才是他们叫嚣共产党收起共产主义的真实原因。但是，共产主义的思想体系是决不能收起来的，因为一旦收起来，中国就会亡国。

既然共产党人和资产阶级顽固派的最终目标是不同的，为什么在当时两者还能进行密切的合作呢？毛泽东接着作了进一步的解释。关于社会主义制度的主张，共产党有现在的纲领和将来的纲领两个部分，也就是最低纲领和最高纲领两部分，最低纲领是实现民主主义，最高纲领是实现社会主义和共产主义，这是有机构成的两部分，都为整个共产主义思想体系所指导。在当时的阶段，因为共产党的最低纲领和三民主义的政治原则基本上相同，所以共产党人才有可能承认"三民主义为抗日统一战线的政治基础"，才有可能承认"三民主义为中国近日之必需，本党愿意为其彻底实现而奋斗"，否则国共两党合作的政治基础就不存在了。正是因为这样，共产主义和三民主义在民主革命阶段结成了统一战线，也就是孙中山所说的"共产主义是三民主义的好朋友"。那些资产阶级顽固派否认共产主义，实际上就是否认了统一战线，这样才制造出类似"收起共产主义"的荒谬言论。

毛泽东还从学理上批驳了一些资产阶级顽固派叫嚣的所谓"一个主义"。毛泽东认为，"一个主义"在学理上是讲不通的，因为有多少阶级就有多少主义，在一个阶级内部，不同的集团中还有各种不同的主义。封建阶级有封建主义，资产阶级有资本主义，佛教徒有佛教主义，基督徒有基督主义，农民有多神主义，当时还有人提倡基尔马主义、法西斯主义、唯生主义、"按劳分配主义"等。因此，毛泽东对那些提出所谓"一个主义"的人发出了质问：既然不同的阶级可以有不同的主义，那么为什么无产阶级不能有自己的主义呢？

最后，毛泽东幽默地建议说，既然共产主义不能取消，那还是来一个比赛吧，谁把共产主义比输了，我们共产党人自认晦气。

随后，毛泽东比较了三民主义和共产主义的异同。

1.三民主义和共产主义的比较

为了避免误会的产生，并真正从理论上驳斥资产阶级顽固派，毛泽东对三民主义和共产主义进行了比较。

第一，三民主义和共产主义有着相同的部分。三民主义和共产主义关于中国资产阶级民主革命阶段上的基本纲领是相同的。1924年，国民党一大召开，孙中山重新解释了三民主义，那就是革命的民族主义、民权主义和民生主义这三个政治原则。这三个原则同共产主义在民主革命阶段的政治纲领基本上是相同的。这样,由于两党在当时阶段的基本纲领相同,这就为两党结成统一战线打下了政治基础。

第二,三民主义和共产主义的不同。三民主义和共产主义虽然有着相同的部分,但是二者也存在着很多不同的内容。

其一,二者在民主革命阶段上有一部分纲领并不相同。共产主义在民主革命阶段上的纲领是比较彻底的,有彻底实现人民的权利、8小时工作制和彻底的土地革命纲领的规定,三民主义在民主革命阶段的纲领则没有这些规定。如果三民主义的基本纲领没有补足这部分内容,那么二者的民主政纲只是基本相同,并不是完全相同。

其二,三民主义没有社会主义革命阶段。共产主义于民主革命阶段之外,还有一个社会主义革命阶段,于最低纲领之外,还有一个最高纲领,那就是实现社会主义和共产主义社会制度的纲领。三民主义与共产主义相比较则只有民主革命阶段的纲领,没有社会主义革命阶段纲领,因此它就只有最低纲领,没有最高纲领,即没有建立社会主义和共产主义社会制度的纲领。

其三,三民主义和共产主义的宇宙观不同。共产主义的宇宙观是辩证唯物主义和历史唯物主义,三民主义的宇宙观则是所谓民生史观。这种民生史观,实质上是二元论或唯心论,二者是相反的。

其四,革命的彻底性不同。共产主义是理论和实践的统一,即有革命的彻底性。三民主义者则并不一定是这样,除了那些最忠实于革命和真理的人们之外,其他人的表现则在理论和实践上并不一致,其说的和做的甚至是相互矛盾的,即没有革命的彻底性。

以上就是三民主义和共产主义的差别，由于这些不同的存在，三民主义者和共产主义者之间就存在了差别。忽视这些差别，只看到统一、看不见矛盾，或者只看见矛盾而看不到二者的统一，都是错误的。

2.旧三民主义和新三民主义的差别

资产阶级顽固派不但在政治上是反动的，在历史知识上也是贫乏的：他们既不知道共产主义和三民主义的区别，也不知道新三民主义和旧三民主义的区别。共产党人认可的三民主义是新三民主义，对于这个新三民主义，孙中山曾对其有过明确的界定。共产党人承认的三民主义，是以抗日民族统一战线为基础的三民主义，不是别的三民主义，是孙中山先生在《中国国民党第一次代表大会宣言》中所重新解释的三民主义。孙中山在这个宣言中也强调，国民党之三民主义，其真释具如此。从孙中山的话中我们可以看出，只有这种三民主义才是真的三民主义，其他的三民主义都是假的三民主义。只有《中国国民党第一次全国代表大会宣言》里对于三民主义的解释才是"真释"，其他一切解释都是"伪释"。这并不是共产党人在造谣，而是共产党人和很多国民党员都曾经共同见证了的。

这篇宣言，区分了旧三民主义和新三民主义两个历史时代。在这以前，三民主义是旧范畴的三民主义，是旧的半殖民地资产阶级民主革命的三民主义，是旧民主主义的三民主义。之后，三民主义是新范畴的三民主义，是新的半殖民地资产阶级民主革命的三民主义，是新民主主义的三民主义。这种新的三民主义才是新时期革命的三民主义。这种新时期的革命的三民主义，是联俄、联共、扶助农工三大政策的三民主义。没有三大政策，或者三大政策缺一，在新时期，就都是伪三民主义或半三民主义。

第一，革命的三民主义、新三民主义、真三民主义必须是联俄的三民主义。按照当时的情形，如果没有联俄的政策，即不同社会主义国家联合，那就必然是联帝政策，必然同帝国主义相联合。1927年之后就已经出现了这样的情况：当时社会主义国家苏联和帝国主义之间的斗争已经进一步尖锐化，中国不站在苏联的一边，就要站在帝国主义的一边，这是必然的趋势，不能走中间路线，也不能有所偏倚。如果说能走中间路线，那只是一种骗人的梦想和谎话。中国是一个半殖民地半封建社会的国家，同入侵的帝国主义国家进行着激烈的斗争，如果没有苏联的帮助，很难取得成功。总之，真正的三民主义是不可能中立的，没有中立的三民主义。如果舍弃了联俄，那就变成了反动的三民主义。

第二，革命的三民主义、新民主主义、真三民主义必须是联共的三民主义。但是在抗日战争时期，参加反共阵营显然是十分不得人心的。为什么不得人心呢？其关键是因为中国的老百姓不乐意看到在中华民族共同的敌人深入国土的关键时刻，还有人不全力抗日，却要积极反共。如果这样做，实际上是干了亲者痛、仇者快的事情，这些反共的势力也必将为人民群众所唾弃，必然会成为齑粉。因此，今天的三民主义、真三民主义，必须是联共的三民主义，否则三民主义就要灭亡，就要变成假的三民主义。这也是三民主义的存亡问题，联共则三民主义存，反共则三民主义亡。

第三,革命的三民主义、新三民主义、真三民主义必须是农工政策的三民主义。不要农工政策、不真心实意地扶助农工、不实行《总理遗嘱》上的"唤起民众",那就是准备革命失败,也就是准备自己的失败。中国革命实质上是农民革命,抗日战争,实质上是农民的抗日。新民主主义的政治,实质上就是授权给农民。新三民主义、真三民主义,实质上就是农民革命主义。大众文化,实质上就是提高农民文化。抗日战争,实质上就是农民战争。当时,80%的中国人口都是农民,因此农民问题就成为了中国革命的基本问题,农民的力量也就成了中国革命的主要力量。农民之外,中国人口中第二个部分就是工人。当时,中国产业工人有数百万,有手工业工人和农业工人数千万。没有各种工业工人,中国就不能生活,因为他们是工业经济的生产者。没有近代工业工人阶级,革命就不能胜利,因为他们是中国革命的领导者,他们最富有革命性。在这种情况下,革命的三民主义或真三民主义,必然是农工政策的三民主义。如果三民主义没有了农工政策,那它就不是真心实意扶助农工,那它就不能唤起民众,那它就一定会灭亡。

由此可知,离开了联俄、联共、扶助农工三大政策的三民主义是没有前途的。新三民主义是旧三民主义的发展,这是因为孙中山的贡献。只有这种三民主义,中国共产党才称之为"中国今日之必需",才宣布"愿为其彻底实现而奋斗"。只有这种三民主义,才和中国共产党在民主革命阶段中的政策,即最低纲领基本上相同。那么,旧的三民主义又是什么呢?

旧三民主义是中国革命旧时期的产物。那时的俄国是帝国主义的俄国，当然不可能有联俄政策；那时国内也没有共产党，当然不能有联共政策；那时农工运动也没有充分显露自己在政治上的重要性，尚不为人们所注意，当然就没有联合工农的政策。因此，从这种意义上说，1924年国民党改组之前的三民主义，就是旧范畴的三民主义，是过时了的三民主义。如果这种旧的三民主义没有进一步的发展，国民党就不能前进。孙中山看到了这一点，得到苏联和中国共产党的帮助，对三民主义作了重新的解释，遂获得了新的历史特点，建立了三民主义同共产主义的统一战线，建立了第一次国共合作，取得了全国人民的同情，进行了1924年到1927年的大革命，打倒了军阀在中国的统治。

旧三民主义在旧时期内是革命的，它反映了一定时期的历史特点。但是如果在新时期、在有了社会主义国家之后还要反对联俄；在有了共产党之后还要反对联共，在工农已经觉悟并显示了自己的政治威力之后还要反对工农政策，那么它就是反动的三民主义了。1927年反革命政变的发生，就是以蒋介石为首的国民党违背时代潮流的结果。毛泽东最后指出："但是无论如何，在反帝反封建的任务没有基本上完成以前，新三民主义是不会被一切有良心的人们放弃的。放弃它的只是那些汪精卫、李精卫之流。汪精卫、李精卫们尽管起劲地干什么反俄、反共、反工农的伪三民主义，自会有一班有良心的有正义感的人们继续拥护孙中山的真三民主义。如果说，一九二七年反动之后，还有许多真三民主义者继续为中国革命而奋斗，那末，在一个民族敌人深入国土的今天，这种人无疑将是成千成万的。我们共产党人将始终和一切真诚的三民主义者实行长期合作，除了汉奸和那班至死不变的反共分子外，我们是绝不抛弃任何友人的。"①

　　新民主主义理论的提出和抗日民族统一战线的一系列方针政策的确定，标志着马克思主义同中国革命实践相结合的毛泽东思想已经日渐成熟。经过18年的探索，毛泽东终于为中国人民指明了一条适合中国国情的夺取民主革命胜利、建设新中国的正确道路。毛泽东曾经说过："主义譬如一面旗子，旗子立起了，大家才有所指望，才知所趋赴"②这面旗帜应当色彩鲜明、简单明了，有着十分丰富而又确定的内涵，才能易于为更多的民众所理解接受。中国人从五四运动前后接受马克思主义起，经过20年的艰苦探索和曲折经历，才把马克思主义和中国革命的实践很好地结合了起来，在抗日战争时期，独立自主地立起了"新民主主义"这面旗帜，使越来越多的民众"有所指望""知所趋赴"，这在中国历史上是一件大事，不仅对抗日战争中后期产生了巨大的影响，而且对以后中国的革命和建设起到了巨大的指导作用。

---

① 《毛泽东选集》第2卷，人民出版社1991年版，第694页。
② 《毛泽东年谱（1893—1949）》（修订本）上卷，中央文献出版社2013年版，第70页。

第三章
《新民主主义论》的伟大意义

03

《新民主主义论》《〈共产党人〉发刊词》《中国革命和中国共产党》等著作一起构筑了新民主主义的理论体系。新民主主义的理论指导新民主主义革命的实践取得了完全胜利，也指导新民主主义社会建设取得了伟大成就。新民主主义理论作为毛泽东思想的一个组成部分，也是中国共产党的一份宝贵的精神遗产。新民主主义的理论体系是以毛泽东同志为主要代表的中国共产党人创造性地将马克思列宁主义的普遍真理与中国革命实践相结合的产物。《新民主主义论》标志着毛泽东新民主主义理论体系的成熟。《新民主主义论》不仅具有重要的理论意义，而且具有重要的历史意义，更具有重要的现实意义。

一、《新民主主义论》的理论意义

《新民主主义论》一文，是对马克思主义关于民族殖民地理论的进一步发展，也标志着新民主主义理论体系的成熟和完备，是马克思主义中国化的优秀成果和典范，这是《新民主主义论》的主要理论意义。

（一）《新民主主义论》对马克思主义理论的发展

暴力夺取政权是马克思主义国家理论的基础。传统的马克思主义理论认为：无产阶级只有先在城市里进行武装暴动，夺取政权，通过夺取城市的政权，再建立全国性的政权，最后成为统治阶级。但是在半殖民地半封建的中国，资本主义并没有得到充分的发展，在这种情况下，中国的革命道路应该怎么走？以毛泽东同志为主要代表的中国共产党人在马克思主义的指导下，逐步探索出了一条具有中国特色的革命道路，最终夺取了全国政权，这同时也是对马克思主义理论的丰富和发展。

1.丰富和发展了马克思主义不断革命的理论

马克思主义认为，无产阶级在实现共产主义的革命过程中，需要经过既相互区别又相互联系的不同革命阶段。在落后的国家，无产阶级要取得革命的胜利，首先应当积极参加本国资产阶级反对本国封建主义的斗争。等到革命胜利后，资产阶级夺取了国家的政权，无产阶级应当继续开展革命斗争，不断把革命推向前进，最终建立无产阶级统治的社会主义和共产主义社会。1848年欧洲革命之后，马克思和恩格斯第一次提出了不断革命的口号。1850年，马克思、恩格斯在《共产主义者同盟中央委员会告同盟书》中明确提出，无产阶级是要不断革命，直到把一切大大小小的有产阶级的统治全部消灭，直到无产阶级夺取国家政权。俄国革命具有自己特殊的情况：列宁在俄国革命的过程中，对马克思、恩格斯的不断革命论进行了丰富和发展。他把俄国革命区分为民主革命和社会主义革命两个不同性质的历史阶段。他认为，这两个不同性质的革命阶段构成了各国革命本身。"一种是在目前的专制农奴制度内部发生的，另一种是在未来的、正在我们面前诞生的资产阶级民主制度内部发生的。一种是全体人民争取自由

（争取资产阶级社会的自由）、争取民主，即争取人民专制的斗争，另一种则是无产阶级为争取社会主义社会制度而同资产阶级进行的阶级斗争。"①因此，他认为，民族革命和社会主义革命是一个完整的革命过程，但是就民主革命和社会主义革命自身来说，是有着严格的区别的，混淆民主革命和社会主义革命是荒谬的事情。资产阶级民主革命的胜利为社会主义革命的胜利扫清障碍，社会主义革命的胜利是资产阶级民主革命的最终前途。列宁要求俄国社会民主党人在争取民主革命胜利的时候，时刻不能忘记社会主义革命胜利的目标，不要忘记将来为了争取社会主义胜利要同资产阶级、小资产阶级进行阶级斗争。在《社会民主党对农民的态度》一文中，列宁明确指出："因为我们将立刻由民主革命开始向社会主义革命过渡，并且正是按照我们的力量，按照有觉悟有组织的无产阶级的力量开始向社会主义革命过渡。我们主张不断革命。我们决不半途而废。"②

在中国革命的过程中，在革命阶段论上存在着"一次革命论"和"二次革命论"这两种错误。"一次革命论者"看不到两个革命阶段存在着差别，否认资产阶级革命之后中国革命会暂时地处于低潮，认为应该不断进行革命，以争取革命的最后胜利，实际上是否定了马克思列宁主义的革命发展阶段论。"二次革命论者"认为在资产阶级革命和社会主义革命之间，存在着一个资产阶级专政的社会，无产阶级的任务是将来推翻资产阶级的领导，夺取社会主义革命的胜利。在这里，他们否认了无产阶级对资产阶级民主革命的领导权，否认了民主革命

---

① 《列宁全集》第11卷，人民出版社2017年版，第284—285页。
② 《列宁全集》第11卷，人民出版社2017年版，第223页。

将转变为社会主义革命的前途和可能性，实质上是否定了马克思列宁主义的不断革命的思想。

上述错误，不管是发生哪一种，都会葬送中国革命。毛泽东将中国革命的实际和马克思列宁主义的指导原则进行了很好的结合，创造性地提出了新民主主义革命的理论，做到了把马克思列宁主义不断革命论和革命阶段论相统一。他认为，中国革命的历史进程分为民主革命和社会主义革命两个阶段。这里的资产阶级民主革命和以往资产阶级民主革命的最大区别就是其领导阶级发生了变化：以前资产阶级革命的领导阶级是资产阶级，而在这里，资产阶级革命的领导阶级已经是无产阶级。这里的革命之所以称为资产阶级革命，主要是因为其革命任务是反帝反封建，但是由于有了无产阶级的领导，中国的资产阶级革命的前途已经不是旧的、被资产阶级领导的、以建立资本主义社会和资产阶级专政为目的的旧民主主义革命，而是新民主主义革命。由于有了无产阶级的领导，资产阶级革命的前途是在中国建立社会主义社会，这就是两个革命阶段的联系。但是新民主主义革命和社会主义革命是不相同的，资产阶级民主革命的主要任务是反帝反封建，建立新民主主义的共和国；而社会主义革命的主要任务是反对资产阶级的统治，其目标是建立社会主义，最终实现共产主义，这就是两个革命阶段的区别。从中我们可以看出，毛泽东避免了"一次革命论者"和"二次革命论者"所犯的错误，既区分了两个革命发展阶段的区别，又看到了两个革命发展阶段的联系，在丰富和发展了马克思列宁主义关于不断革命的理论的同时，也为中国革命指明了方向。

2. 丰富和发展了马克思列宁主义关于无产阶级领导权的思想

19世纪40年代，面对欧洲各国爆发的资产阶级民主革命，马克思和恩格斯认为，无产阶级可以加入到资产阶级革命当中去，但是同时要在革命组织中保持自己的独立性，不受资产阶级的影响。马克思、恩格斯在《共产主义者同盟中央委员会告同盟书》中指出："不应再度降低自己的地位，去充当资产阶级民主派的随声附和的合唱队，而应该谋求在正式的民主派旁边建立一个秘密的和公开的独立工人政党组织"，"无产阶级的立场和利益问题应该能够进行独立讨论而不受资产阶级影响"[①]。当时，无产阶级的力量毕竟还是十分弱小的，马克思和恩格斯还没有提出无产阶级领导权的问题。随着无产阶级的壮大和发展，列宁提出了无产阶级对民主革命领导权的问题。列宁在《社会民主党在民主革命中的两种策略》中指出："马克思主义教导无产者不要避开资产阶级革命，不要对资产阶级革命漠不关心，不要把革命中的领导权交给资产阶级，相反地，要尽最大的努力参加革命，最坚决地为彻底的无产阶级民主主义、为把革命进行到底而奋斗。"[②] 在列宁看来，无产阶级是最具有革命彻底性的阶级，因此能够担当起革命的领导权。

以毛泽东同志为主要代表的中国共产党人，把马克思列宁主义的基本原理和中国革命的实际情况相结合，详尽阐述了在半殖民地半封建的中国社会，中国无产阶级夺取革命领导权的必然性和可能性。他指出："在中国，事情非常明白，谁能领导人民推翻帝国主义和封建

---

① 《马克思恩格斯文集》第2卷，人民出版社2009年版，第193页。
② 《列宁全集》第11卷，人民出版社2017年版，第34页。

第三章 《新民主主义论》的伟大意义

势力,谁就能取得人民的信仰,因为人民的死敌是帝国主义和封建势力,而特别是帝国主义的缘故。在今日,谁能领导人民驱逐日本帝国主义,并实施民主政治,谁就是人民的救星。历史已经证明:中国资产阶级是不能尽此责任的,这个责任就不得不落在无产阶级的肩上了。"①毛泽东结合中国革命的历史进程,深刻分析了中国革命敌人的强大和中国资产阶级的软弱,指出中国的民主主义革命必须有一个强有力的领导阶级,无产阶级天生要在中国担当起领导革命的任务。坚持无产阶级及其政党对民主革命的领导权,是区分旧民主主义革命和新民主主义革命的根本标志。毛泽东关于无产阶级领导权的思想,是对马克思列宁主义关于无产阶级领导权思想的丰富和发展。

3.丰富和发展了马克思列宁主义关于同盟军的理论

无产阶级在革命的最初阶段,其力量是比较弱小的。面对这种情况,马克思、恩格斯指出,无产阶级应该同其他革命的阶层结成同盟军,以争取革命的胜利。恩格斯在《1847年的运动》一文中指出:"毫无疑问,总有一天贫困破产的农民会和无产阶级联合起来,到那时无产阶级会发展到更高的阶段,向资产阶级宣战。"②马克思也指出,只有形成工农的联盟,无产阶级革命就会形成一种合唱,若没有这种合唱,它在一切农民国度中的独唱是不免要变成孤鸿哀鸣的。同时,马克思和恩格斯也看到了无产阶级政党在一定条件下联合资产阶级民主派的必要性。他们在《共产党宣言》中指出:"在德国,只要资产

---

① 《毛泽东选集》第2卷,人民出版社1991年版,第674页。
② 《马克思恩格斯全集》第4卷,人民出版社1958年版,第511页。

阶级采取革命的行动，共产党就同它一起去反对专制君主制、封建土地所有制和小资产阶级。""总之，共产党人到处都支持一切反对现存的社会制度和政治制度的革命运动。""最后，共产党人到处都努力争取全世界民主政党之间的团结和协调。"①列宁也十分注重同其他阶级建立同盟军的问题。他指出："要战胜更强大的敌人，就必须尽最大的努力，同时必须极仔细、极留心、极谨慎、极巧妙地一方面利用敌人之间的一切'裂痕'，哪怕是最小的'裂痕'，利用各国资产阶级之间以及各个国家内资产阶级各个集团或各种类别之间利益上的一切对立，另一方面要利用一切机会，哪怕是最小的机会，来获得大量的同盟者，尽管这些同盟者可能是暂时的、动摇的、不稳定的、不可靠的、有条件的。谁不懂得这一点，谁就是丝毫不懂得马克思主义，丝毫不懂得现代的科学社会主义。谁要是没有在相当长的时期内和在各种相当复杂的政治形势下，在实践上证明他确实会运用这个真理，谁就还没有学会帮助革命阶级去进行斗争，使全体劳动人类从剥削者的压榨下解放出来。以上所说的一切，对于无产阶级夺取政权以前和以后的时期，都是同样适用的。"②列宁还十分注重工农联盟问题，他指出："无产阶级在资产阶级民主革命中的作用是领袖的作用，为了把这场革命进行到底，无产阶级必须和农民共同行动。"③"只有农民群众加入无产阶级的革命斗争，无产阶级才能成为战无不胜的民主战士。"④"这个最根本最本质的问题就是工人阶级同农民的关系，就是工

---

① 《马克思恩格斯文集》第2卷，人民出版社2009年版，第66页。
② 《列宁全集》第39卷，人民出版社2017年版，第50页。
③ 《列宁全集》第17卷，人民出版社2017年版，第363页。
④ 《列宁全集》第11卷，人民出版社2017年版，第43页。

人阶级同农民的联盟。"①

近代中国是一个两头大、中间小的社会，大资产阶级和无产阶级都只占人口的极少数，人口中的大多数是中间阶层，特别是农民。但是中国革命的敌人是异常凶猛和强大的，不仅有本国的封建势力，还有外来的帝国主义势力。要战胜本国的封建势力和外来的帝国主义力量，单单靠中国无产阶级的力量是远远不够的，必须团结最广大的革命力量。毛泽东继承和发展了马克思列宁主义关于统一战线的理论，结合中国革命的实际情况，在不同时期，建立了不同的统一战线。在民主革命时期，建立了革命统一战线。在抗日战争时期，建立了抗日民族统一战线。在解放战争时期，建立了人民民主统一战线。

4. 丰富和发展了马克思列宁主义关于过渡时期国家形态的理论

马克思、恩格斯、列宁关于过渡时期国家的理论，是马克思主义革命理论和国家学说中的一个重要内容。他们根据各自所处的历史条件和革命实践，对过渡时期国家的理论作了多方面的阐述，在国际共产主义运动中产生了深远的影响。

关于过渡时期国家的概念，最早是由马克思提出来的。他在1852年论述无产阶级革命所建立的国家——无产阶级专政时指出："这个专政不过是达到消灭一切阶级和进入无阶级社会的过渡……"②这句话充分说明了无产阶级专政的历史使命和它所处的历史阶段，它是资本主义社会进入共产主义社会的一个过渡时期。1875年，他在

---

① 《列宁全集》第42卷，人民出版社2017年版，第344页。
② 《马克思恩格斯选集》第4卷，人民出版社2012年版，第426页。

《哥达纲领批判》一书中对此作了更详尽的阐述："在资本主义社会和共产主义社会之间,有一个从前者变为后者的革命转变时期。同这个时期相适应的也有一个政治上的过渡时期,这个时期的国家只能是无产阶级的革命专政。"①这个论述,充分地反映了从资本主义社会向共产主义社会的过渡过程中无产阶级革命和无产阶级专政的客观地位。第一,它把无产阶级通过暴力革命推翻资产阶级统治后建立起来的新型国家,看作是无产阶级反对资产阶级取得胜利的必然结果,是国家发展的必然规律。第二,过渡时期内,政治上只能是实行无产阶级的革命专政。第三,过渡就是转变,过渡时期就是转变时期,即由资本主义社会变为完整的共产主义性质的社会。由于历史条件的限制,马克思并没有建立起真正的无产阶级专政的国家政权。没有无产阶级专政的实践和经验,马克思不可能对过渡时期国家提供更多的理论指导。

到了列宁所处的时代,由于俄国十月革命的胜利,无产阶级专政的国家政权在俄国得以真正实现,使列宁有条件可以对过渡时期国家的理论进行丰富和完善。列宁反复说明:"在资本主义和共产主义之间有一个过渡时期,这在理论上是毫无疑义的。"②而且,"从向着共产主义发展的资本主义社会过渡到共产主义社会,非经过一个'政治上的过渡时期'不可"③。可见,从马克思到列宁,都认为在资本主义社会完结后,由于无产阶级革命的胜利,紧跟着必然有一个过渡时期,这一时期的国家只能是无产阶级专政,即无产阶级独自领导的国家政

---

① 《马克思恩格斯选集》第3卷,人民出版社2012年版,第373页。
② 《列宁全集》第37卷,人民出版社2017年版,第265页。
③ 《列宁全集》第31卷,人民出版社2017年版,第82页。

权，以无产阶级的利益为国家最高利益，执行着无产阶级的路线、方针、政策，资产阶级则是被专政的对象。只有通过无产阶级专政这一过渡时期才能达到社会主义社会和共产主义社会。

列宁对这个无产阶级专政国家的过渡时期作了精辟的论述。他指出，不能把过渡时期看作瞬息即逝的过程，看作一批"最革命"的法律和法令。应该充分认识到过渡时期是一个长期的、困难的过程。过渡时期本身也需划分为若干阶段，"我们的政策又要照顾到许多较小的过渡。我们担负的任务的全部困难、政策的全部困难和政策的全部艺术，就在于要估计到每一种这样的过渡的特殊任务""怎样实际地从旧的、习惯了的、大家都熟悉的资本主义向新的、还没有产生的、没有牢固基础的社会主义过渡，却是一个最困难的任务。这一过渡搞得好也需要许多年。"[①]特别对于政治、经济、文化发展落后的国家更是这样。对此，列宁指出："由于历史进程的曲折而不得不开始社会主义革命的那个国家愈落后，它由旧的资本主义关系过渡到社会主义关系就愈困难。"[②]并且，在小农经济占优势的国家里，不能从资本主义直接过渡到社会主义，必须采取一系列特殊的过渡办法。

马克思列宁主义关于过渡时期的理论及其在俄国的实践，为落后国家如何过渡到社会主义提供了理论依据和经验借鉴。毛泽东把马克思列宁主义关于过渡时期的理论和中国革命的实际情况相结合，提出了通过建立新民主主义的社会和经由新民主主义共和国，从而走向社会主义的道路。毛泽东指出："决不是也不能建立中国资产阶级专政

[①] 《列宁全集》第38卷，人民出版社2017年版，第120页。
[②] 《列宁选集》第3卷，人民出版社2012年版，第436页。

的资本主义的社会，而是要建立以中国无产阶级为首领的中国各个革命阶级联合专政的新民主主义的社会，以完结其第一阶段。然后，再使之发展到第二阶段，以建立中国社会主义的社会。"[1]在这里，毛泽东明确区分了民主革命和社会主义革命两个革命阶段，明确提出把建立新民主主义社会作为由资本主义向社会主义过渡的社会形态，丰富和发展了马克思列宁关于过渡时期的理论。在此基础上，毛泽东提出了新民主主义共和国的构想，并从政治、经济、文化三方面进行了展开和论述。在政治上，实行无产阶级领导的各个革命阶级的联合专政，在政权组织形式上采取人民代表大会的形式。在经济上，公有制经济占主导地位，在私人资本主义经济不能操纵国计民生的前提下，允许私人资本主义经济的发展。在文化上，实行无产阶级领导的民族的、科学的、大众的文化。毛泽东指出，这种新民主主义的共和国形式，"是一定历史时期的形式，因而是过渡的形式，但是不可移易的必要的形式"[2]。毛泽东结合中国的实际情况，提出了新民主主义共和国的理论，是把马克思列宁主义关于过渡时期的理论和中国革命的实际情况相结合的产物，是对马克思列宁主义关于过渡时期国家形态理论的丰富和发展。

5.丰富和发展了无产阶级关于暴力革命的理论

通过暴力革命来夺取国家政权是马克思列宁主义理论的一个明确的观点。在俄国等资产阶级国家，由于无产阶级的力量比较强大，

---

[1] 《毛泽东选集》第2卷，人民出版社1991年版，第672页。
[2] 《毛泽东选集》第2卷，人民出版社1991年版，第675页。

因此采取了在无产阶级比较集中的城市首先发动武装起义，之后带动其他地方的起义，最后夺取了全国的政权。但是中国是一个特殊的国家，在半殖民地半封建社会的旧中国，无论是无产阶级还是大资产阶级，都只占全国人口的少数，占全国人口大多数的是农民阶级。

面对中国的特殊国情，以毛泽东同志为主要代表的中国共产党人把马克思列宁主义的普遍真理与中国革命的特殊情况相结合，提出了农村包围城市的革命道路，认为在中国的特殊情况下，占人口大多数的农民才是中国革命的主力军，中国的资产阶级也应该分为两个部分。在这种认识的基础上，走出了一条武装夺取政权的革命道路。在中国，无产阶级虽然是代表着最先进的生产力的阶级，但是无产阶级的人数比较少，只能走一条相反的道路，即农村包围城市。这给其他半殖民地半封建国家的革命提供了重要的借鉴。在中国，农民占据了人口的大多数，农民深受帝国主义和封建主义的压迫，无产阶级只有真正把农民发动起来，才能夺取革命的胜利。中国革命的实质是农民战争，农民阶级是中国革命的主力军。毛泽东结合中国实际情况的探索，打破了马克思列宁主义原来的对农民的论断，这对世界无产阶级革命来说是一个重要的贡献。此外，中国的资产阶级包括大资产阶级和民族资产阶级两部分，其中大资产阶级是反动的，民族资产阶级在一定的条件下是具有革命积极性的。只有对他们进行明确的区分，才能从根本上团结尽可能多的革命力量。

（二）《新民主主义论》标志着新民主主义理论体系的成熟和完备

新民主主义理论是伴随着中国革命的进程不断发展进步的，经历了一个曲折发展的过程，最后才逐步走向了成熟。

中国共产党是在马克思列宁主义的指导下成立的党。中国共产党从成立之初就试图把马克思列宁主义运用到中国革命的实际情况中来分析解决中国革命过程中遇到的种种问题和困难。中国革命错综复杂的斗争把许多新的问题抛到了中国共产党人的面前：中国革命到底是怎样一种性质的革命？中国革命的前途是怎样的？无产阶级在革命的过程当中究竟处于一个怎么样的地位？无产阶级对待民族资产阶级、城市小资产阶级、农民应该采取什么样的态度？无产阶级在革命的过程中如何才能实现自己对革命的领导权？中国共产党在革命的过程中对这些问题进行了不断的探索。

1921年党的一大召开，党的一大通过的纲领表明：中国共产党从成立之日起就开始旗帜鲜明地把实现社会主义、共产主义作为自己的奋斗目标。但是此时的中国共产党人还处在幼年时期，还没有深刻地认识到中国国情和中国革命的特殊性，只是从十月革命胜利后的世界总形势出发，得出中国革命必然是以无产阶级为主体的社会主义革命的结论。这时候的共产党人还没有把反对帝国主义、反对封建军阀的民族民主革命同消灭一切剥削、消灭私有制的社会主义革命区别开来，以为在半殖民地半封建的中国，可以直接进行社会主义革命，建立无产阶级专政。对中国这种带有很大特殊性的社会，是否能够立

第三章 《新民主主义论》的伟大意义

即进行社会主义革命、要经过什么步骤才能最后实现社会主义和共产主义等重大问题，刚刚诞生的中国共产党还不可能认识清楚，需要在马克思列宁主义基本原理与中国革命实际相结合的过程中来继续进行探索。

1922年，党的二大召开。党的二大宣言初步阐明了中国革命的性质、对象、动力、策略、任务和目标，指明了中国革命的前途，这就是：革命的性质是民主主义革命；革命的对象是帝国主义和封建军阀；革命的动力是工人、农民和小资产阶级，民族资产阶级也是革命的力量之一；革命的策略是组成各阶级的联合战线；革命的任务和目标是打倒军阀，推翻国际帝国主义的压迫，实现中华民族的独立和中国的统一；革命的前途是向社会主义革命转变。党的二大对于民主革命和社会主义革命之间的具体联系作了初步的分析。中国共产党人估计民主革命的前途存在两种可能性：一种是如果无产阶级的力量在民主革命中发展得很大，民主革命胜利后便能够即刻实行无产阶级专政的社会主义革命；另一种是民主革命胜利，资产阶级从封建阶级夺得政权，无产阶级要经过一个长时期使自己的力量壮大后才能实行第二步奋斗。这说明，此时的中国共产党人虽然已经分清楚了民主主义革命和社会主义革命的界限，但是还不懂得旧民主主义革命和新民主主义革命的区别，不懂得处在新的历史条件下的中国民主主义革命，其领导阶级应该是无产阶级。

1923年，党的三大召开，采取了以共产党员个人身份加入国民党的方式实现了国共合作，但是党的三大依旧没有提出工人阶级争取对民主革命的领导权问题。直到1925年党的四大召开，才明确提出了无产阶级的领导权问题。

随着革命形势的不断发展，党的许多领导人开始逐步对中国革命的一系列问题进行思考和探索，毛泽东正是其中的典型代表。毛泽东在这一时期相继发表了《中国社会各阶级的分析》《中国农民中各阶级的分析及其对于革命的态度》《国民党右派分离的原因及其对革命前途的影响》《国民革命与农民运动》《湖南农民运动考察报告》等文章，比较系统地阐述了中国新民主主义革命的一些思想。毛泽东的这些文章，对中国革命的性质、中国革命的领导和依靠力量等问题都有着深刻的论述，特别是在《中国社会各阶级的分析》一文中，他明确指出了新民主主义的革命阵线。这些思想的出现，标志着新民主主义思想理论的萌芽，为新民主主义理论体系的形成奠定了初步的基础。

1927年大革命失败，中国共产党开始了独立领导中国革命、建立人民军队、开展土地革命和建立农村革命根据地的斗争。实践出真知，通过在艰苦的革命斗争中的实践，中国共产党对中国革命的规律和特点有了进一步的认识。但是这个时候，在对中国社会的性质、革命的性质、对象、动力、前途等关系中国革命成败的重大问题的认识上，党内还存在着分歧和争论。1928年6月18日至7月11日召开的党的六大解决了这些问题。党的六大是一次具有重要历史意义的大会。它认真总结了大革命失败以来的经验教训，集中解决了当时困扰党的两大问题：在中国社会性质和革命性质问题上，针对党内普遍存在的认为民族资产阶级已经是反革命，中国革命的性质便不再是资产阶级民主革命的错误认识，党的六大指出，中国社会仍然是半殖民地半封建社会，引起中国革命的基本矛盾一个也没有解决，民主革命的任务没有完成。决定革命性质的不是革命的动力，而是革命的任务。因此，中国革命的性质仍然是资产阶级民主革命。在革命形势和党的任务问题上，明确了革命处于低潮，党的总路线是争取群众，党的工作重心不是千方百计地发动群众起来暴动，而是做艰苦的群众工作、积蓄力量。这两个重要问题的解决，基本上统一了全党的思想，对克服党内"左"的或右的错误思想、摆脱革命的被动局面、实现工作的转变，对中国革命的复兴和发展有着重要的意义。在革命战争的实践中，毛泽东先后写了《中国的红色政权为什么能够存在》《井冈山的斗争》《星星之火，可以燎原》等文章，集中阐述了农村包围城市、最后夺取全国政权的革命道路。这表明，中国共产党对新民主主义革命的基本问题有了进一步的深化，标志着新民主主义理论的初步形成。

抗日战争时期是中国革命的一个最伟大、最活跃、最生动的时期。经过了大革命时期特别是土地革命战争时期，以毛泽东同志为主要代表的中国共产党人对中国革命的特点和规律有了进一步的认识。通过革命战争的洗礼，通过比较正反两个方面的历史经验，毛泽东认为，系统全面阐述新民主主义理论体系的时机已经成熟了。

1939年5月1日，毛泽东在其发表的《五四运动》一文中指出，20年前的五四运动，表现中国反帝反封建的资产阶级民主革命已经发展到了一个新阶段。中国民主革命的完成依靠一定的社会势力。这种社会势力是工人阶级、农民阶级、知识分子和进步的资产阶级，就是革命的工、农、兵、学、商，而其根本的革命力量是工农，革命的领导阶级是工人阶级。如果离开了这种根本的革命力量，离开了工人阶级的领导，要完成反帝反封建的民主革命是不可能的。5月4日这天，毛泽东作了《青年运动的方向》的演讲。在演讲中，他把正在进行的中国革命称作"我们中国反对帝国主义和封建主义的人民民主革命"。他说："但是这个革命，资产阶级已经无力完成，必须靠无产阶级和广大人民的努力才能完成。"①它在打倒帝国主义和封建主义以后，要建立"一个人民民主的共和国""建立人民民主主义的制度"。"它比起现在这种半殖民地半封建状态来是不相同的，它跟将来的社会主义制度也不相同。"但是毫无疑问的是，"中国将来一定要发展到社会主义去，这样一个定律谁都不能推翻"②。

毛泽东在这两篇文章中已经讲得很明白了：中国反帝反封建的民主革命从五四运动起已经发展到了一个新阶段，需要由工人阶级来领导；它要建立的既不同于半殖民地半封建状态，又不同于社会主义制度的人民民主主义的共和国，将来一定要发展到社会主义去。毛泽东在这个时候显然已经在酝酿、思考和形成新民主主义理论，只是还没有把"新民主主义"这个概念明确地提出来，对新民主主义理论也还没有来得及进行系统的论证和说明罢了。

1939年12月，毛泽东在《中国革命和中国共产党》一文中第一次把资产阶级民主革命区别为旧民主主义革命和新民主主义革命，并且明确规定："所谓新民主主义的革命，就是在无产阶级领导之下的人民大众的反帝反封建的革命。"③之前，在1939年10月，毛泽东在

---

① 《毛泽东选集》第2卷，人民出版社1991年版，第563页。
② 《毛泽东选集》第2卷，人民出版社1991年版，第563页。
③ 《毛泽东选集》第2卷，人民出版社1991年版，第647页。

第三章 《新民主主义论》的伟大意义

《〈共产党人〉发刊词》一文中也对中国共产党夺取全国政权的经验进行了概括。他指出："十八年的经验，已使我们懂得：统一战线，武装斗争，党的建设，是中国共产党在中国革命中战胜敌人的三个法宝，三个主要的法宝。""正确地理解了这三个问题及其相互关系，就等于正确地领导了全部中国革命。"①此后发表的《新民主主义论》，正是建立在以往中国共产党人关于新民主主义革命的主要思想的基础上的集大成之作。《新民主主义论》是对中国近百年民主革命斗争特别是对中国共产党领导新民主主义革命斗争经验的总结。在《新民主主义论》这篇文章里，毛泽东针对新民主主义国家的政治、经济、文化的基本特征和具体内容，围绕中国共产党所要建立的新中国是怎样一个国家展开了详细的论述，为人们勾勒出了一个清晰完整的轮廓。《新民主主义论》的发表是毛泽东新民主主义理论体系成熟的最主要标志。新民主主义理论的提出和抗日民族统一战线的一系列方针政策的确定，也标志着马克思主义同中国革命实践相结合的毛泽东思想的日渐成熟。经过18年风雨洗礼的毛泽东终于为中国人民找到了一条适合中国国情的夺取民主革命胜利、建设新中国的正确道路。

毛泽东早年就曾经指出："主义譬如一面旗子，旗子立起了，大家才有所指望，才知所趋赴。"②这面旗子应该色彩鲜明、简单明了又有着十分丰富而确定的内涵，才易于为更多的民众所理解和接受。中国人从五四运动前后接受马克思主义起，经过20多年的艰苦探索，直到抗日战争时期才找到了"新民主主义"这面旗帜，使越来越多的

---

① 《毛泽东选集》第2卷，人民出版社1991年版，第606、605—606页。
② 《毛泽东年谱（1893—1949）》（修订本）上卷，中央文献出版社2013年版，第70页。

民众"有所指望""知所趋赴",这是中国历史上的一件大事,而且对以后中国革命和建设起到了巨大的指导作用。

(三)《新民主主义论》是马克思主义中国化的典范

新民主主义理论是以毛泽东同志为主要代表的中国共产党人,用马克思列宁主义的基本原理,考察中国的国情,总结中国革命运动的历史和现实的经验,摸索中国革命的规律产生的指导中国革命的思想体系。

这里所讲的是两个方面,一个方面是马克思列宁主义基本原理,另一个方面是中国的国情、中国革命运动的经验、中国革命的规律、中国的革命实践。这两个方面可以用两句简单的话来概括,一句是"走俄国人的路",另一句是"走自己的道路"。

又要"走俄国人的路",又要"走自己的道路",两者是不是矛盾呢?其实这不仅不矛盾,而且是中国共产党人必须遵循的原则。"走俄国人的路"是世界观、宇宙观、方法论和根本方向这个层次的问题,而"走自己的道路"是中国革命发展的具体途径这个层次的问题。

毛泽东曾指出:"十月革命一声炮响,给我们送来了马克思列宁主义。十月革命帮助了全世界的也帮助了中国的先进分子,用无产阶级的宇宙观作为观察国家命运的工具,重新考虑自己的问题。走俄国人的路——这就是结论。"[①] 有人怀疑,"走俄国人的路"这个结论,认为中国革命进程中发生的种种曲折,都是因为一开始走了俄国人的路。如果不是从中国革命的具体发展途径,而是从世界观、宇宙观、

---

① 《毛泽东选集》第4卷,人民出版社1991年版,第1471页。

方法论和根本方向上发生这种怀疑，那么这种怀疑是站不住的。新民主主义理论，首先是坚持马克思列宁主义基本原理的结果。

但是，以马克思列宁主义作为指导，不是照搬照抄马克思、列宁的"本本"。中国革命毕竟是在中国这个有着特殊国情的国度内发生和发展的，马克思、列宁的学说大量的并不是讲中国问题的，即便其中有关于中国问题的内容，也并不全都适合中国的情况。因此，解决中国革命的种种问题，还应当从中国的实际出发。"走自己的道路"，就是把马克思列宁主义基本原理运用于中国实际的结果。

在中国革命进程中，解决"走自己的道路"的问题，往往比坚持"走俄国人的路"更加困难。中国共产党一开始没有经验，只能依据马克思主义的"书本"，遵循共产国际的指示，照搬照抄别国的经验（主要是俄国十月革命的经验），这是可以理解的。问题是很长一段时间里，马克思主义被教条化了，共产国际决议和苏联（俄国十月革命）经验被神圣化了，而中国本身的实际则受到忽视，结果给中国革命带来了许多挫折。以毛泽东同志为主要代表的中国共产党人，同前面所说的那种倾向进行了很长时间的斗争，从中国的实际出发，总结出了一套适合中国情况的战略战术和政策策略来。共产国际和苏联的一些人认为毛泽东的这一套是"人造黄油共产主义"，党内持教条主义立场的人也说这是"山沟里的马列主义"，还说是"狭隘经验论"。但是，"山沟里的马列主义"却比"书斋里的马列主义"少了许多教条，而多了许多实际。实践证明，解决中国革命种种问题的，还是"山沟里的马列主义"，而不是"书斋里的马列主义"，山沟里应当出马列主义，也能够出马列主义，这里也有个敢不敢解放思想的问题。如果被马列主义的"书本"套住了，被共产国际决议和苏联经验框住了，思想陷入僵化，那山沟里是不会出马列主义的。

马克思主义中国化，从理论上讲，就要使马克思主义从欧洲形式转化为中国的民族形式，从而具有中国作风和中国气派。另外，从实际内容上来说，就要使马克思主义普遍原理与中国革命的具体实际相结合，立足于中国实际去应用马克思主义，使之成为适合中国国情的中国化的马克思主义。

1938年10月，毛泽东在党的六届六中全会上，在《论新阶段》的报告中首次向全党提出了"使马克思主义在中国具体化"的历史任务。他指出："没有抽象的马克思主义，只有具体的马克思主义。所谓具体的马克思主义，就是通过民族形式的马克思主义，就是把马克思主义应用到中国具体环境的具体斗争中去，而不是抽象地应用它。成为伟大中华民族之一部分而与这个民族血肉相联的共产党员，离开中国特点来谈马克思主义，只是抽象空洞的马克思主义。因此，马克思主义的中国化，使之在其每一表现中带着中国的特性，即是说，按照中国的特点去应用它，成为全党亟待了解并亟须解决的问题。"[①] 同时，他还强调指出，洋八股必须废止，空洞抽象的调头必须少唱，教条主义必须休息，而代之以新鲜活泼的、为中国老百姓所喜闻乐见的中国作风和中国气派。毛泽东不仅提出了"马克思主义中国化"的任务，而且精辟阐述了"马克思主义中国化"的科学内涵。

马克思主义是马克思的观点和学说的科学体系。马克思主义诞生于德国，因此具有那个时代的特点和民族特色。马克思主义是19世

---

① 《建党以来重要文献选编（1921—1949）》第15册，中央文献出版社2011年版，第651页。

纪人类三个最先进国家中的三种主要思潮——德国古典哲学、英国古典政治经济学以及法国空想社会主义学说的继承者和集大成者。马克思主义在指导俄国革命的过程中产生了列宁主义。列宁曾经指出："一切民族都将走向社会主义，这是不可避免的，但是一切民族的走法却不完全一样，在民主的这种或那种形式上，在无产阶级专政的这种或那种形态上，在社会生活各方面的社会主义改造的速度上，每个民族都有自己的特点。"①《新民主主义论》的全篇都体现着马克思主义中国化的生机和活力。毛泽东的《新民主主义论》，始终把马克思主义的普遍原理与中国革命的具体实践相结合，在丰富和发展了许多马克思列宁主义中原先已经提出的一些观点和内容的同时，结合了中国革命的具体实际，创造性地发展了马克思列宁主义，提出了许多马克思列宁原来所没有的东西，且这些新的东西是完全符合马克思列宁主义的基本原理的，从而真正做到了像列宁所说的那样，"必须以共产主义的一般理论和实践为依据，适应欧洲各国所没有的特殊条件，善于把这种理论和实践运用于主要群众是农民、需要解决的斗争任务不是反对资本而是反对中世纪残余这样的条件。这是一个困难而特殊的任务，但又是一个能收到卓著成效的任务"②。《新民主主义论》完全体现了这一点，它的诞生为马克思主义中国化作出了重要的贡献。

毛泽东从中国革命的具体实际出发，把马克思主义的普遍原理与中国革命的具体实践相结合，科学分析了中国半殖民地半封建社会的历史特点。他创造性地把中国资产阶级民主革命分为旧民主主义革

---

① 《列宁全集》第28卷，人民出版社2017年版，第163页。
② 《列宁全集》第37卷，人民出版社2017年版，第328页。

命和新民主主义革命两个阶段，指出中国无产阶级现在领导人民大众所进行的依旧是旧的资产阶级民主革命，这是由中国革命的任务决定的，并且驳斥了党内在中国革命的发展阶段上的"左"和右的认识，正确解决了中国革命发展的阶段问题。在解决了中国革命的问题后，毛泽东还对中国社会向何处去作了大胆的设想和规划。当然，他的这种设想和规划是有着科学依据的。他认为，在社会主义到来之前，中国需要有一个过渡的阶段，那就是新民主主义社会。新民主主义理论体系的成熟也标志着马克思列宁主义与中国实际相结合的第一次历史性飞跃产生的理论成果——毛泽东思想的发展成熟。《新民主主义论》是马克思主义中国化的重要成果，是马克思主义中国化的光辉典范，同时也为马克思主义中国化的继续发展开辟了道路。

二、《新民主主义论》对抗日根据地建设的指导意义

抗日战争时期，日军深入侵略中国内地后，由于兵力不足，其后方留有广阔的地区。八路军、新四军根据中共中央的战略部署，分别发动群众，开展独立自主的敌后游击战争，收复被国民党军队丢失的大片国土，建立了抗日民主政权，开辟了许多抗日根据地。抗日战争进入战略相持阶段后，由于国民党顽固派发动反共高潮和在思想文化阵线上挑起关于三民主义的论战，国共两党关于抗日战争的不同前途及中国向何处去的争论更成为了国内政治斗争的焦点。国民党反共、反民主的本质进一步暴露出来。

在抗日根据地，共产党把坚持抗战和实行民主结合起来，使争取

新民主主义前途的主张更加深入人心。《新民主主义论》的发表，标志着新民主主义理论体系的成熟。各个抗日根据地成为了贯彻和实现中国共产党的新民主主义理论的前沿阵地。各根据地根据中共中央提出的一套比较完整的建设新民主主义社会的基本政策，使抗日民主根据地真正成为政治民主、民族团结、经济发展、政府廉洁的社会。这也表明，根据地已经开始改变半殖民地半封建的社会性质，逐步形成了新民主主义社会的雏形。这与国民党统治区的政治专制、官僚腐败的局面形成了鲜明对比。

（一）对抗日根据地政权建设的指导意义

政权建设是抗日民主根据地建设的首要和根本问题，是衡量社会性质如何的首要标志。毛泽东曾经说："判断一个地方的社会性质是不是新民主主义的，主要地是以那里的政权是否有人民大众的代表参加以及是否有共产党的领导为原则。因此，共产党领导的统一战线政权，便是新民主主义社会的主要标志。"[1]

中国共产党十分重视抗日民主根据地的政权建设，但是在1940年以前，抗日民主政权处于初创阶段，各根据地建设发展不平衡，法制建设刚刚起步。在不少地区，包括陕甘宁边区和华北根据地的一些地方，还存在着两种政权并存的局面。1940年3月，中共中央发出《抗日根据地的政权问题》的指示，对根据地政权建设的原则和政策作了具体的规定。这一指示的发出标志着抗日根据地政权建设进入了一个新的发展阶段。

---

[1] 《毛泽东选集》第2卷，人民出版社1991年版，第785页。

在《抗日根据地的政权问题》中，毛泽东详尽阐述了如何把抗日根据地的政权建设成为具有新民主主义性质的政权的问题。他指出："在抗日时期，我们所建立的政权的性质，是民族统一战线的。这种政权，是一切赞成抗日又赞成民主的人们的政权，是几个革命阶级联合起来对于汉奸和反动派的民主专政。它是和地主资产阶级的反革命专政区别的，也和土地革命时期的工农民主专政有区别。对于这种政权性质的明确了解和认真执行，将大有助于全国民主化的推动。过左和过右，均将给予全国人民以极坏的影响。"[①] 在抗日根据地政权人员分配上，毛泽东又指出："抗日民族统一战线政权的原则，在人员分配上，应规定为共产党员占三分之一，非党的左派进步分子占三分之一，不左不右的中间派占三分之一。""必须保证共产党员在政权中占领导地位，因此，必须使占三分之一的共产党员在质量上具有优越的条件。只要有了这个条件，就可以保证党的领导权，不必有更多的人数。""必须使党外进步分子占三分之一，因为他们联系着广大的小资产阶级群众。我们这样做，对于争取小资产阶级将有很大的影响。""给中间派以三分之一的位置，目的在于争取中等资产阶级和开明绅士。这些阶层的争取，是孤立顽固派的一个重要步骤。目前我们决不能不顾到这些阶层的力量，我们必须谨慎地对待他们。""对于共产党员以外的人员，不问他们是否有党派关系和属于何种党派，只要是抗日的并且是愿意和共产党合作的，我们便应以合作的态度对待他们。"[②]

通过这些论述，我们也可以看出，抗日根据地的政权，是抗日

---

① 《毛泽东选集》第2卷，人民出版社1991年版，第741页。
② 《毛泽东选集》第2卷，人民出版社1991年版，第742页。

民族统一战线性质的政权，是几个革命阶级联合起来对于汉奸和反动派的民主专政。它既与地主资产阶级专政的政权相区别，也与工农民主专政不同，它是已经具备了新民主主义性质的政权。抗日民主政权是经过民主选举和按照严格的民主集中制建立起来的。抗日民主政权的结构包括立法、行政、司法机关。边区（省）、县的参议会既是民意机关，也是最高的权力机关。政府机关设边区（省）、县、乡三级，另有边区政府的派出机关专员公署和县政府的派出机关区公署。司法机关在边区设高等法院，专区设高等法院的分院，县一级设县级法院。

中共中央所在地陕甘宁边区是抗日民主政权建设的实验区和模范区，对其他抗日根据地的建设起到了示范作用。1939年1月17日至2月4日，陕甘宁边区在延安召开了第一届参议会，会议通过了《陕甘宁边区抗战时期施政纲领》。施政纲领规定：要巩固和扩大抗日民族统一战线，动员一切力量保卫边区，保卫中国，实行各民族平等团结，共同抗日；发扬政治民主，实行普选，保障人民的民主自由权利；确立私人财产所有权，发展工农业生产，保护自由经营，废除高利贷；发扬艰苦作风，提倡生产节约，厉行廉洁政治等。在人员组成上，边区实行"三三制"原则，施政纲领第五条规定："本党愿与各党各派及一切群众团体进行选举联盟，并在候选名单中确定共产党员只占三分之一，以便各党各派及无党派人士均能参加边区民意机关之活动与边区行政之管理。在共产党员被选为某一行政机关主管人员时，应保证该机关职员有三分之二为党外人士充任，共产党员应与这些党外人士实行民主合作，不得一意孤行，把持包办。"①

从这个施政纲领的规定中，我们可以明显地看出：它明确规定了陕甘宁边区和其他抗日民主根据地的性质。这就表明，中国共产党领导的抗日民主根据地和以往的政权性质不同，是具有新民主主义性质的政权。

（二）对抗日根据地经济建设的指导意义

关于新民主主义的经济，毛泽东的《新民主主义论》在阐述新民主主义的经济纲领时，提出在新民主主义共和国，国营经济是整个国民经济的领导力量，但也允许那些不操纵国计民生的私有经济的发展，同时要平均地权，以实现耕者有其田。在这个原则的指导下，在中国共产党领导的敌后抗日根据地，按照新民主主义的经济纲领进行了经济建设活动。

当时，在抗日根据地内部，就存在着公营经济（也就是后来的国有经济）、私营经济和合作社经济。当时的公营经济是在根据地极度困难的经济条件下发展起来的。在这种情况下，要克服困难，就不仅仅要依靠边区人民，更要依靠自己。比如，当时的八路军三五九旅开进了南泥湾，大搞大生产运动，实现了边区的自给自足，克服了国民党封锁、摩擦造成的边区经济的极度困难。毛泽东曾经说："如果不发展人民经济和公营经济，我们就只有束手待毙。"②当时，在抗日根据地，私营经济主要是广大农民和个体劳动者的个体经济。对于这些

---

① 《毛泽东文集》第2卷，人民出版社1993年版，第335页。
② 《毛泽东选集》第3卷，人民出版社1991年版，第891—892页。

第三章 《新民主主义论》的伟大意义

个体劳动者而言，按照新民主主义的经济纲领，应保护他们的利益。但不容忽视的是，当时的根据地还存在着地主经济和私人资本主义经济，对于这些经济成分，按照新民主主义的经济纲领，要允许其适当地进行发展。毛泽东曾经指出："国营经济和合作社经济是应该发展的，但在目前的农村根据地内，主要的经济成分，还不是国营的，而是私营的，而是让自由资本主义经济得着发展的机会，用以反对日本帝国主义和半封建制度。这是目前中国的最革命的政策，反对和阻碍这个政策的施行，无疑义地是错误的。严肃地坚决地保持共产党员的共产主义的纯洁性，和保护社会经济中的有益的资本主义成分，并使其有一个适当的发展，是我们在抗日和建设民主共和国时期不可缺一的任务。"[①]在抗日根据地，合作社经济是重要的经济成分，也是新民主主义经济的重要组成部分。在抗日根据地，大多数青壮年都参加了抗日的队伍，这样就造成了根据地劳动力严重不足的情况的出现。为了有效地组织群众进行劳动生产，我们党大力发展合作社经济，用以发展生产、改善人民生活。对此，毛泽东指出："目前我们在经济上组织群众的最重要形式，就是合作社。我们部队机关学校的群众生产，虽不能硬安上合作社的名目，但是这种在集体领导下用互相帮助共同劳动的方法来解决各部门各单位各个人物质需要的群众的生产活动，是带有合作社性质的。这是一种合作社。""在农民群众方面，几千年来都是个体经济，一家一户就是一个生产单位，这种分散的个体生产，就是封建统治的经济基础，而使农民自己陷于永远的穷苦。克服这种状况的唯一办法，就是逐渐地集体化；而达到集体化的唯一道

---

① 《毛泽东选集》第3卷，人民出版社1991年版，第793页。

路，依据列宁所说，就是经过合作社。"①

在新民主主义经济纲领的指导下，边区的各种经济成分都获得了巨大的发展。日军和伪军为了扰乱抗日根据地的经济秩序，发行了大量的日钞和伪钞。为了改变这种情况，边区的各个政府先后成立了银行：1938年3月，晋察冀边区银行成立；1938年8月，北海银行在山东成立；1939年10月冀南银行成立。各个根据地银行在边区政府的领导下，积极打击了日钞和伪钞，不断扩大了根据地发行钞票的流通范围，逐步建立起来统一的本币市场，对稳定、保护和推进各个根据地的生产建设事业、改善人民生活、支持敌后抗战起到了积极的作用。这一时期的合作社经济也取得了很大的发展。据统计，在1943年至1944年的1年半时间里，根据地合作社发展到435个，合作社业务单位共1280个，社员人数达到245884人，股金达到138800万元。此外，边区还奖励地主商人创办工业，欢迎边区以外的工商业家到边区发展工业，边区政府还帮助他们解决了在资金方面的困难。到了1943年，私营纺织厂增至50个，年产布匹1.2万匹；私营造纸厂共56家，年产纸2468令；私营商店由1938年的90家增加到473家，私营商业获得了很大的发展。

根据当时的实际情况，党在农村实行了减租减息的土地政策：一方面，地主要减租减息，以改善农民的生活；另一方面，农民要交租交息，以照顾地主富农的利益。但是在各个阶层团结抗日的情况下，要减少地租，所采取的办法就是"二五减租"（即把原来的租额减少25%）。减息的办法规定年利率一般为一分（即10%），最高不得

---

① 《毛泽东选集》第3卷，人民出版社1991年版，第931页。

超过一分半（即15%）。正租以外的杂租、劳役和各种形式的高利贷一律取缔。经过减租减息，农民得到了经济实惠，提高了参加生产和抗日的积极性，推动了农业生产的发展。抗日民主政府规定的一系列政策，既改善了工人待遇，又调整了劳资关系；既调动了工人的积极性，也照顾到了雇主、资本家的合法利益。

综上所述，在新民主主义经济纲领的指导下，抗日根据地内不仅发展了公营、私营经济以及合作社经济，还实行了减租减息的土地政策。这些方针政策的实施，不但对克服经济困难、改善人民生活起了很大的作用，而且也初步建立起来了新民主主义的经济形态，对于进一步完善新民主主义的经济纲领具有重大的实践意义。

（三）对抗日根据地文化建设的指导意义

在《新民主主义论》中，毛泽东明确阐述了新民主主义的文化，那就是无产阶级领导的人民大众的反帝反封建的文化，是民族的科学的大众的文化。各抗日根据地在新民主主义文化方针的指导下，积极开展了各种文化建设，发展了抗日根据地的各项文化事业。

由于历史条件的限制，在各级党组织和部队中，人员的文化素质普遍不是很高。为了适应抗日战争的需要，中共中央提出要大力争取知识分子参加到抗日民族解放战争中来，要求党的各级组织和部队大量吸收知识分子参加进来。1939年12月1日，中共中央专门作出大量吸收知识分子的决定。决定指出，在长期和残酷的民族解放战争中，在成立新中国的伟大斗争中，党必须善于吸收知识分子，才能组织伟大的抗战力量，组织千百万农民群众，发展革命的文化运动和革命的统一战线。没有知识分子的参加，革命的胜利是不可能的。中央还批评了一些地区和部门在执行知识分子政策工作中的缺点和错误，要求全党同志注意大量吸收知识分子参加党领导的军队、学校和政府的工作，并把具备共产党条件的人吸收入党。大批爱国青年和知识分子的到来和他们的努力工作，使抗日根据地的文化和教育事业得到了很大的发展。

在边区，党陆续创办了大批学校，积极发展干部教育。这其中典型的例子就是抗日军政大学的创办。抗日军政大学全称"中国人民抗日军事政治大学"。抗日军政大学在各个抗日根据地陆续办起了14所分校、5所陆军中学、1所附设学校。在抗日战争期间，抗日军政大学共培养了10余万名军政干部，对党领导的抗日军队的发展壮大和军政干部素质的提高作出了重要的贡献。

抗日战争时期，除了抗日军事政治大学这类学校之外，在边区还创办了大批中小学校。由于日军的入侵，大批学校被毁或被占用，教职员工纷纷离校，许多地方的国民文化教育陷于停顿。在许多地方根本没有学校，许多农民的子女无书可读。为此，抗日根据地组织了大量知识青年参加国民教育工作。在极为艰难的条件下，他们克服困难、因陋就简，办起了大批中小学。据统计，到1940年，陕甘宁边区已经有小学1341所、中学7所，其中小学生有4.36万人，晋察冀根据地有小学7697所，使国民教育事业的面貌发生了很大的改善。各抗日根据地还开办了夜校、冬校、识字班、读报组和剧团等组织来普及文化知识、进行社会教育。一些世世代代都不识字的农民开始学习文化知识、关心国家大事。

第三章 《新民主主义论》的伟大意义

为了提高全党的马克思列宁主义水平，中共中央有计划、有组织地翻译出版了一系列马列著作。1938年5月，在延安成立了马克思列宁主义学院（简称马列学院），专门抽调外语精通又有一定理论水平的同志在马列学院内部成立了翻译出版马克思列宁主义著作的部门——编译部。这个机构翻译出版了马克思、恩格斯、列宁、斯大林的著作共32种、几百万字。这个部门就是今天中共中央编译局的前身。这个部门的成立，带动了抗日根据地内以马克思列宁主义为指导的社会科学的发展。

马列学院是专门从事马列主义学习研究的干部学校，许多中央的领导人都曾到学校作过报告，不少著名的学者还担任了兼职教员。在全院同志的不断努力下，马列学院取得了许多可喜的成果，推动了以延安为中心的社会科学的发展，如历史研究室的范文澜主持编写的《中国通史简编》（上册）、文化思想研究室和中央政治研究室合编的《马恩列斯思想方法论》、文艺研究室主编的《中国新文学史提纲》等。除了马列学院之外，在延安研究社会科学的学术性团体还有抗日战争研究会、中国现代史研究会、民族问题研究会、历史研究会、延安新哲学会、延安时事问题研究会等。各研究会积极开展研究活动和学术交流，有不少成果问世，推动了延安社会科学的繁荣发展。

抗日根据地还创办了许多党报党刊来宣传党的舆论，如《新中华报》《解放日报》《解放》周刊和《共产党人》等报刊。此外，八路军总政治部还创办了《八路军军政杂志》、中共中央职工运动委员会创办了《中国职工》月刊、中共中央妇女运动委员会创办了《中国妇女》等刊物，在团结人民、揭露敌人方面作出了重要的贡献。

在新民主主义文化理论的指导下，根据地进行了广泛的文化建设。这些掌握了文化知识的广大青年和知识分子，成为中国共产党夺取抗日战争胜利的一支重要的力量。毛泽东曾经说过："在我们为中国人民解放的斗争中，有各种的战线，就中也可以说有文武两个战线，这就是文化战线和军事战线。我们要战胜敌人，首先要依靠手里拿枪的军队。但是仅仅有这种军队是不够的，我们还要有文化的军队，这是团结自己、战胜敌人必不可少的一支军队。"①

三、《新民主主义论》的现实意义

毛泽东的《新民主主义论》一文的发表，对当时中国共产党领导中国人民取得抗日战争的最后胜利具有重大的指导作用，对新中国的成立以及建设也具有深远的指导意义，这些都是被历史所证明了的。不仅如此，毛泽东在《新民主主义论》一文中所阐述的立场、观点、方法，对今天我们建设中国特色社会主义伟大事业、全面建设社会主义现代化国家也有着重要的指导意义和作用。

（一）新民主主义理论对理解今天的社会主义初级阶段具有重要意义

新民主主义理论是以毛泽东同志为主要代表的中国共产党人把马克思列宁主义的普遍真理与中国革命的具体实践相结合的产物，是在深入分析了当时中国半殖民地半封建社会的具体国情的基础上进行的

---

① 《毛泽东选集》第3卷，人民出版社1991年版，第847页。

第三章 《新民主主义论》的伟大意义

理论创新。在新民主主义理论指导下建立的新民主主义社会是我们今天社会主义社会的基础。新民主主义社会的政治、经济、文化为我们今天的社会主义制度的建立打下了坚定的基础。因此，深入理解新民主主义理论，对准确把握中国社会主义初级阶段的国情、深入理解社会主义社会具有重要的意义。

1.社会主义初级阶段理论是以新民主主义理论为前提和基础的

新民主主义的前途是社会主义，社会主义是在新民主主义的基础上发展而来的。社会主义社会的一些基本制度，都是在新民主主义革命的过程中形成的。例如，共产党领导地位的取得就是历史形成的。共产党对人民军队的领导权、共产党对革命根据地的领导权、共产党对人民民主统一战线的领导权，这些都是历史形成的，在新民主主义革命过程中形成的党的领导权，最终奠定了党在社会主义社会的领导地位。党的领导地位的确立，是社会主义建设事业能够顺利进行的重要保障。

新民主主义理论解决了在半殖民地半封建社会的中国如何进行民主革命、如何夺取革命胜利的问题。社会主义初级阶段理论解决的是在中国已经进入社会主义社会之后，如何在一个经济文化基础十分落后的中国建设社会主义的问题。从历史进程本身来看，二者之间存在着前后相继的继承关系和发展关系。

在政治方面，在新民主主义理论的指导下，党确立了工人阶级领导的以工农联盟为基础的人民民主专政制度，确立了以民主集中制为原则的人民代表大会制度，确立了多党合作的政治协商制度，确立了民族区域自治制度。在新民主主义理论指导下确立的国体和基本的政治制度，后来在新民主主义社会和社会主义社会的实践中得到了发展，在今天依然是社会主义初级阶段的基本政治制度。

在经济方面，以国营经济为领导、多种经济成分并存，这是新民主主义的经济纲领。社会主义初级阶段，以公有制为主体，多种所有制经济共同发展，这是社会主义初级阶段的基本经济制度。新民主主义的经济纲领和社会主义初级阶段的基本经济制度相比，两者各自的经济成分在性质、地位和相互关系上已经有了很大的不同，但是两者仍然有着一定的相似性。首先，国营经济掌握国民经济命脉的主导地位没有变。其次，灵活利用国民经济其他成分的这种思想没有变。并且，十分明显的是，新民主主义的经济纲领为社会主义初级阶段基本经济制度的确立提供了借鉴。另外，在新民主主义经济纲领指导下确立的新民主主义的基本经济制度是社会主义初级阶段基本经济制度的基础。

在文化方面。新民主主义的文化是民族的科学的大众的文化。社会主义初级阶段文化的发展方向是以培养"四有新人"为目标，发展面向现代化、面向世界、面向未来的、民族的科学的大众的文化。从新民主主义社会文化的发展内容和社会主义时期文化发展的内容看，新民主主义文化和社会主义文化之间存在着明显的联系。

新民主主义理论和社会主义初级阶段理论之间存在着一定的联系，并且这种联系是由历史形成的，是不可分割的。在新民主主义理论指导下，新民主主义社会的政治、经济、文化和我们今天社会主义社会的政治、经济、文化之间有着一定的不可分割的历史联系。但是我们应该看到，今天的社会主义初级阶段绝对不是新民主主义社会的简单的历史延展，而是在新民主主义社会基础上的一种超越和发展。

可以说，新民主主义社会理论是社会主义初级阶段理论的源头，社会主义初级阶段理论是新民主主义社会理论的发展。

2. 深刻理解新民主主义理论的创立，有利于进一步理解和贯彻执行党在社会主义初级阶段的基本路线

新民主主义理论的创立和发展，是党把马克思主义的基本原理与中国革命的具体实践相结合进行理论创新的结果。在半殖民地半封建的旧中国，中国革命的首要任务是推翻帝国主义和封建主义的压迫。而随着五四运动的发生，无产阶级登上了历史舞台。新民主主义社会的前途是社会主义社会，是走向社会主义的必要阶段。随着1956年三大改造的基本完成，社会主义基本制度在中国已经确立。社会主义制度在中国确立后，中国社会已经进入社会主义社会，但是中国的社会主义社会还是很不发达的社会主义社会，因为其是建立在半殖民地半封建社会的基础上的。在探索社会主义建设的道路上，我们党曾经走了弯路。1978年，随着党的十一届三中全会的召开，我们党解放思想、实事求是，在深刻认识中国国情的基础上确立了社会主义初级阶段的理论。从中我们可以看出，社会主义初级阶段理论的确立是建立在对当代中国的国情客观、全面、正确认识的基础上的，是对生产力标准的坚持，也是对新民主主义实践经验的总结。

（二）新民主主义理论对今天解决中国的现实问题具有重要的指导意义

在中国，不论过去还是现在，农民都占有重要地位。在革命战争年代，农民其实是革命的主力军。毛泽东曾经指出："所谓人民战争，基本上或者说主要的，就是农民战争。"[①]抗日战争的实质就是共产党领导的农民战争。新中国成立后，广大农民和农业曾经为新中国的经济发展作出过极为重要的贡献，但是随着改革开放的不断深入，农业、农村、农民问题再度成为中国经济、社会发展的一个颇具影响因素的问题。

在新民主主义理论中，农业、农村、农民问题始终占有特殊的地位。例如，中国革命的动力问题、中国革命的同盟军问题、土地革命的总路线和方针政策问题、新民主主义经济建设的有关政策问题、农业的社会主义改造问题以及农业在国民经济中的地位和农业、重工业、轻工业三者之间优先发展谁的问题，这些都涉及农业、农村、农民问题。总之，农业、农村、农民问题在中国是客观存在的一个基本问题，只有解决好这些问题，才能正确认识和解决制约中国革命和建设的诸多矛盾和问题。

旧中国是一个半殖民地半封建的、以小农经济占主要地位的农业大国，农民占全国总人口的80%以上，中国的新民主主义革命实质上就是农民革命。毛泽东曾经说过："中国民主革命的主要力量是农民。忘记了农民，就没有中国的民主革命；没有中国的民主革命，也就没有中国的社会主义革命，也就没有一切革命。我们马克思主义的书读得很多，但是要注意，不要把'农民'这两个字忘记了；这两个字忘记了，就是读一百万册马克思主义的书也是没有用处的，因为你没有

---

① 《毛泽东文集》第3卷，人民出版社1996年版，第309页。

力量。"[1]毛泽东处理中国问题的基本出发点就是中国的基本国情,他对中国的农业、农村和农民问题有着深刻的理解。

新中国成立后,在探索社会主义建设的过程中,毛泽东还写下了《论十大关系》等著作,提出了探索适合中国国情的社会主义建设道路的问题,其中的一个关键问题就是农业在国民经济中的地位以及农业、轻工业、重工业三者之间的关系问题。在这个问题上,毛泽东强调,对农民不能过分剥夺,因为农业是几亿人口的吃饭穿衣和工业原料的来源,农业又是工业产品的广大市场。对于农业多投入一点,少搞一点重工业,看上去慢,实际上是比较快的。不能像苏联那样,对农民剥夺得太狠,从农民那里拿走的东西太多,那样会严重削弱农民的生产积极性。要按照农业、轻工业、重工业的顺序来安排国民经济建设计划。这一探索的结果对今天建设中国特色社会主义也具有一定的指导意义。

在社会主义初级阶段,随着改革开放的到来,中国的农业、农村和农民问题发生了天翻地覆的变化,但是,当时的中国作为一个经济文化落后的农业大国的基本国情依然没有改变。这样的国情,决定了农业、农村、农民问题在社会主义初级阶段对中国的发展依然具有举足轻重的作用。

关于农业、轻工业、重工业三者之间在国民经济中的地位和关系问题,毛泽东有着自己的探索:他主张把农业放在国民经济的首要地位,正确处理工农业发展关系,夯实农业基础地位,进而推进农业现代化建设。1948年4月,毛泽东在晋绥干部会议上的讲话中初步提

---

[1]《毛泽东文集》第3卷,人民出版社1996年版,第305页。

出了以农业为基础的思想。1949年6月，他在《论人民民主专政》一文中进一步提出，没有农业社会化，就没有全部的巩固的社会主义。1956年，在《论十大关系》一文中，毛泽东进一步指出："我们现在的问题，就是还要适当地调整重工业和农业、轻工业的投资比例，更多地发展农业、轻工业。"[①] 从中我们可以看出，毛泽东对农业在国民经济中的地位问题有着深刻的认识。改革开放前，对于农业是国民经济的基础的观点，虽然党的最高领导人从思想上有所认识，并且有着比较清晰的认识，但是在实践中没有得到很好的落实。改革开放后，中国经济的迅速发展也得益于对农业、农村、农民问题的重新认识。半个多世纪的实践和正反两方面经验的比较都证明了必须把农业放在国民经济的首位，增加对农业的投入，否则就会造成工农业的发展关系失衡、农业现代化进程滞后。

为此，毛泽东认为，要减轻农民负担，增加农民收入，提高农民的科学文化素质。在新民主主义革命和社会主义革命建设时期，毛泽东曾经进行过很好的探索。1957年，他在《关于正确处理人民内部矛盾的问题》中指出："我国有五亿多农业人口，农民的情况如何，对于我国经济的发展和政权的巩固，关系极大。"[②] 正是因为意识到了农民对中国革命和建设的巨大作用，毛泽东才十分注意增加农民的收入，调动农民的生产积极性。毛泽东曾经提出要逐步缩小工农业产品价格的剪刀差，合理提高农产品的收购价格来增加农民的收入。1955年7月，他在一届人大二次会议上指出，如果现在要求完全消灭剪刀

---

① 《毛泽东文集》第7卷，人民出版社1999年版，第24页。
② 《毛泽东文集》第7卷，人民出版社1999年版，第219页。

差,做到等价交换,国家积累就会受到影响,但是剪刀差太大,使得农民无利可图,那也是错误的。总之,应在不影响国家积累的情况下,逐步地缩小剪刀差价。

毛泽东还十分重视提高农民的科学文化素质。毛泽东亲自主持制定了《1956年到1957年全国农业发展纲要(第二次修正草案)》,其中规定,从1956年开始,分别在12年内,基本上扫除青年和壮年的文盲,普及小学教育。要求做到一般的公社有小学和业余学校,一般的乡有农业中学,以进一步提高农村基层干部和农民的文化水平。毛泽东关于提高农民收入、提高农民的科学文化素质的思想,对我们今天在社会主义初级阶段处理好农民问题仍有着一定程度上的理论指导意义。

(三)新民主主义理论有助于理解中国今天的改革开放

新民主主义理论是马克思列宁主义与中国革命的实际相结合的产物,是马克思列宁主义在中国的发展,标志着毛泽东思想的成熟。新民主主义理论一个最为显著的特点就在于它是从中国的实际出发,是结合中国的实际对马克思主义的一种发展,是符合马克思主义的基本原理但却无法从马克思主义的书本中找到现成答案的。

例如,苏联所走的是一条在大城市发动武装起义,由城市控制农村,最后夺取政权的道路。在中国,毛泽东根据中国的实际情况,走出了一条农村包围城市,最后夺取政权的道路。此外,在如何利用资本主义的问题上,毛泽东认为要区别对待资产阶级,要分清楚民族资产阶级和大资产阶级。对于民族资产阶级,要采取谨慎的政策,不要一概打倒、一概反对，而要积极利用。毛泽东在《论联合政府》中曾经指出："有些人不了解共产党人为什么不但不怕资本主义，反而在一定的条件下提倡它的发展。我们的回答是这样简单：拿资本主义的某种发展去代替外国帝国主义和本国封建主义的压迫，不但是一个进步，而且是一个不可避免的过程。它不但有利于资产阶级，同时也有利于无产阶级，或者说更有利于无产阶级。""现在的中国是多了一个外国的帝国主义和一个本国的封建主义，而不是多了一个本国的资本主义，相反地，我们的资本主义是太少了。"[①]为此，毛泽东还特别强调，在新民主主义国家制度下，要让私人资本主义经济在不操纵国计民生的范围内获得充分的发展，这对整个社会是有益的。

马克思主义经典作家认为，社会主义是在资本主义充分发展的基础上建立的，经过资本主义的充分发展才能建立社会主义社会。但是，在这里应该注意到，马克思经典作家强调的是经过资本主义的充分发展，但是并不是说要经过资产阶级统治的那种资本主义社会，资本主义经济才能获得充分的发展。新民主主义理论中，在不影响国计民生的条件下充分发展资本主义的思想，就是利用资本主义以发展社会主义。党的十一届三中全会实行了改革开放的政策，充分发展了多种所有制经济，但是前提是坚持公有制为主体，这一政策的实施，在某种程度上是对新民主主义理论内容的继承和发展。

中国的经济基础本来就是比较落后的，再加上"文化大革命"的十年内乱，国民经济到了崩溃的边缘。改革开放之初，党面临的一个迫切的问题就是如何发展国民经济。在当时的条件下，党作出了设立

[①]《毛泽东选集》第3卷，人民出版社1991年版，第1060页。

经济特区的决定。但是在当时的条件下，就产生了姓"资"姓"社"的争论。在许多人看来，中国设立经济特区、建设社会主义市场经济体制，那就是走了资本主义的路，改变了社会主义的性质。其实，社会主义市场经济和计划经济都只是经济手段而已，其最终目的都是促进经济的发展。在社会主义的条件下，坚持公有制为主体、多种所有制经济共同发展的基本经济制度，充分发挥个体经济、私营经济等各种形式的非公有制经济，对扩大就业、活跃城乡市场、增加财政收入具有重要作用，非但不会影响到社会主义国家的国家性质，反而会促进社会主义的发展，使社会主义国家的人民群众生活得更加丰富多彩，使社会主义国家的经济发展得更加充分，这和在新民主主义制度条件下充分发展资本主义，使其有利于国计民生的方面能够得以不断发展有着异曲同工的效果。

（四）新民主主义理论启示我们要做最低纲领和最高纲领的统一论者

新民主主义革命论和新民主主义社会论，一个基本特点就是把中国革命现阶段的目标同长远目标加以区分，同时又互相联系。没有区分或者否认联系，都不可能产生新民主主义理论。

一个以马克思主义为指南的无产阶级政党，其最终目的是为了实现社会主义和共产主义。但是，这个最终目的的实现，并不是也不可能是一次完成的，而是会经过许多不同的发展阶段。在半殖民地半封建的中国，从大的历史阶段来说，先要进行民主革命，而后才能进行社会主义革命。正如毛泽东所说："中国共产党领导的整个中国革命运动，是包括民主主义革命和社会主义革命两个阶段在内的全部革命运动；这是两个性质不同的革命过程，只有完成了前一个革命过程才有可能去完成后一个革命过程。民主主义革命是社会主义革命的必要准备，社会主义革命是民主主义革命的必然趋势。"① 毛泽东形象地把这两者的关系比作做文章，说明上篇做好了才能做下篇。

然而，在认识上正确处理民主主义革命和社会主义革命的关系，把党的最低纲领和最高纲领统一起来，中国共产党人经过了一个曲折而艰难的过程。

中国共产党刚成立时就明确了实现社会主义和共产主义的奋斗目标，但还不懂得在中国实现这个目标首先需进行民主主义革命。党的二大制定反帝反封建的民主革命纲领，第一次把中国革命区分为民主主义革命和社会主义革命两个阶段。不过，这时党的认识还只是初步的，全党也没有达到深刻的共识，所以才有了"二次革命论"的出现。所谓"二次革命论"，主张在民主革命阶段，以资产阶级为主体，无产阶级只是"帮助"资产阶级完成民主革命，其结果是建立资产阶级统治的资本主义性质的国家，然后再进行社会主义革命，建立无产阶级专政的社会主义国家。这种主张的错误，在于割裂了两个革命阶段的联系，不了解资本主义共和国的方案不可能在中国实现。这种主张导致在第一次大革命后期，中国共产党没有努力争取革命的领导权，对资产阶级一步一步做出退让。第一次大革命失败之后，事情从一个极端走到了另一个极端，党内接受了共产国际代表的"无间断革命论"，认为"中国革命虽然简直还没有开始其民权主义任务的解

---

① 《毛泽东选集》第2卷，人民出版社1991年版，第651页。

决，但是现在的革命斗争，已经必然要超越民权主义的范围而急遽的进展：中国革命的进程，必然要彻底解决民权主义任务而急转直下的进于社会主义的道路"[①]。这种认识的错误，就在于混淆了民主主义革命和社会主义革命的界限，把应该在民主革命完成之后的任务提前到民主革命阶段来完成，实质上是将民主主义革命和社会主义革命"毕其功于一役"了。这种认识导致了"左"倾盲动主义的错误，把民族资产阶级乃至上层小资产阶级一概排除在革命阵营之外，甚至把它们作为革命对象，主张没收资本家的工厂企业，实行"工厂归工人管"，在农村实行盲目烧杀，使党脱离群众，导致党所领导的斗争遭遇挫折。尽管党的六大重申了党的二大的结论，肯定中国革命现阶段的性质仍然是资产阶级民主革命，批评了混淆民主主义革命和社会主义革命性质的错误，但是由于这种认识仍然没有牢固地在全党确立起来，以致后来党内还是多次发生了混淆革命性质问题的错误。直到遵义会议之后，党才逐步在革命性质问题上达到逐步深刻的正确认识。毛泽东指出："只有认清民主主义革命和社会主义革命的区别，同时又认清二者的联系，才能正确地领导中国革命。"[②]在深刻地认清了中国革命性质问题之后，中国的革命才开始走上了健康发展的轨道。

通观中国革命的历史，我们发现，在处理最低纲领和最高纲领的关系上，党内的主要错误倾向是超越历史阶段，往往以最高纲领代替最低纲领，把将来阶段的目标作为现阶段的任务。这其中的一个原因是人们总希望尽早取得革命的成功，而不了解、不认识革命特别是中

---

① 《建党以来重要文献选编（1921—1949）》第4册，中央文献出版社2011年版，第623页。
② 《毛泽东选集》第2卷，人民出版社1991年版，第652页。

国革命的长期性和艰巨性。还有一个原因，是党内有一种比较普遍的心态，即以为这样才是最革命的，最能表现革命的彻底性和坚定性。其实，这是对革命彻底性和坚定性的曲解。中国共产党人的最终目标当然是要实现社会主义和共产主义。但这个目标的实现是一个漫长的历史过程，必须经历若干发展阶段。党应当根据各个发展阶段的生产力水平和人民群众的现实要求、觉悟程度来提出与之相适应的任务。只有经过这样脚踏实地的不懈努力，一步一步向长远目标迈进，才是革命的彻底性和坚定性的体现。相反，超越历史阶段、脱离当时生产力发展的现实水平，脱离人民群众的现实要求，导致革命出现严重挫折，恰好表现出的是一种"急性病"，即不懂得革命的长期性和艰巨性，这样的"革命彻底性和坚定性"也就大打折扣了。对此，毛泽东在《论联合政府》里谈到中国民主革命阶段的目标时说："对于任何一个共产党人及其同情者，如果不为这个目标奋斗，如果看不起这个资产阶级民主革命而对它稍许放松，稍许怠工，稍许表现不忠诚、不热情，不准备付出自己的鲜血和生命，而空谈什么社会主义和共产主义，那就是有意无意地、或多或少地背叛了社会主义和共产主义，那就不是一个自觉的和忠诚的共产主义者。"[①]超越革命阶段，究竟是不是革命彻底性和坚定性的表现，毛泽东的论述恐怕是最有权威性的结论。

　　中国共产党党章规定："党的最高理想和最终目标是实现共产主义。"实现共产主义是党的最高纲领。共产主义绝不是主观臆想，而是人类历史上最理想的社会，是人类社会发展的必然趋势。但实现共

---

① 《毛泽东选集》第3卷，人民出版社1991年版，第1059—1060页。

产主义绝对不是轻而易举的事情。共产主义是一项长期而艰巨的事业,它需要经过一些不同的历史阶段,每个阶段都有特定的目标和任务,每一个具体目标任务的完成,都是在接近我们的最高理想和最终目标。当前,我国正处于并将长期处于社会主义初级阶段,这是在原本经济文化落后的中国建设社会主义现代化不可逾越的历史阶段。党在社会主义初级阶段的基本路线是:领导和团结全国各族人民,以经济建设为中心,坚持四项基本原则,坚持改革开放,自力更生,艰苦创业,为把我国建设成为富强民主文明和谐美丽的社会主义现代化强国而奋斗。

我们共产党人从来都是最高纲领和最低纲领的统一论者,既志存高远,牢固树立共产主义远大理想,又脚踏实地,为完成党的当前目标而奋斗。衡量一名共产党员、一名领导干部是否具有共产主义远大理想,是有客观标准的,那就要看他能否坚持全心全意为人民服务的根本宗旨,能否吃苦在前、享受在后,能否勤奋工作、廉洁奉公,能否为理想而奋不顾身去拼搏、去奋斗、去献出自己的全部精力乃至生命。只有我们每位共产党员都能模范地做好党所交给的岗位工作,并带领广大群众一起扎实工作,才能为实现中国特色社会主义共同理想添砖加瓦、为迈向共产主义远大理想搭桥铺路。

附录

新民主义论*

一 中国向何处去

抗战以来，全国人民有一种欣欣向荣的气象，大家以为有了出路，愁眉锁眼的姿态为之一扫。但是近来的妥协空气，反共声浪，忽又甚嚣尘上，又把全国人民打入闷葫芦里了。特别是文化人和青年学生，感觉锐敏，首当其冲。于是怎么办，中国向何处去，又成为问题了。因此，趁着《中国文化》[1]的出版，说明一下中国政治和中国文化的动向问题，或者也是有益的。对于文化问题，我是门外汉，想研究一下，也方在开始。好在延安许多同志已有详尽的文章，我的粗枝大叶的东西，就当作一番开台锣鼓好了。对于全国先进的文化工作者，我们的东西，只当作引玉之砖，千虑之一得，希望共同讨论，得出正确结论，来适应我们民族的需要。科学的态度是"实事求是"，"自以为是"和"好为人师"那样狂妄的态度是决不能解决问题的。我们民族的灾难深重极了，惟有科学的态度和负责的精神，能够引导

---

* 这是毛泽东1940年1月9日在陕甘宁边区文化协会第一次代表大会上的讲演，原题为《新民主主义的政治与新民主主义的文化》，载于1940年2月15日延安出版的《中国文化》创刊号。同年2月20日在延安出版的《解放》第98、99期合刊登载时，题目改为《新民主主义论》。

我们民族到解放之路。真理只有一个，而究竟谁发现了真理，不依靠主观的夸张，而依靠客观的实践。只有千百万人民的革命实践，才是检验真理的尺度。我想，这可以算作《中国文化》出版的态度。

二　我们要建立一个新中国

我们共产党人，多年以来，不但为中国的政治革命和经济革命而奋斗，而且为中国的文化革命而奋斗；一切这些的目的，在于建设一个中华民族的新社会和新国家。在这个新社会和新国家中，不但有新政治、新经济，而且有新文化。这就是说，我们不但要把一个政治上受压迫、经济上受剥削的中国，变为一个政治上自由和经济上繁荣的中国，而且要把一个被旧文化统治因而愚昧落后的中国，变为一个被新文化统治因而文明先进的中国。一句话，我们要建立一个新中国。建立中华民族的新文化，这就是我们在文化领域中的目的。

三　中国的历史特点

我们要建立中华民族的新文化，但是这种新文化究竟是一种什么样子的文化呢？

一定的文化（当作观念形态的文化）是一定社会的政治和经济的反映，又给予伟大影响和作用于一定社会的政治和经济；而经济是基础，政治则是经济的集中的表现[2]。这是我们对于文化和政治、经济的关系及政治和经济的关系的基本观点。那末，一定形态的政治和经济是首先决定那一定形态的文化的；然后，那一定形态的文化又才给予影响和作用于一定形态的政治和经济。马克思说："不是人们的意识决定人们的存在，而是人们的社会存在决定人们的意识。"[3]他又说："从来的哲学家只是各式各样地说明世界，但是重要的乃在于改造世界。"[4]这是自有人类历史以来第一次正确地解决意识和存在关系问题的科学的规定，而为后来列宁所深刻地发挥了的能动的革命的反映论之基本的观点。我们讨论中国文化问题，不能忘记这个基本观点。

这样说来，问题是很清楚的，我们要革除的那种中华民族旧文化中的反动成分，它是不能离开中华民族的旧政治和旧经济的；而我们要建立的这种中华民族的新文化，它也不能离开中华民族的新政治和新经济。中华民族的旧政治和旧经济，乃是中华民族的旧文化的根据；而中华民族的新政治和新经济，乃是中华民族的新文化的根据。

所谓中华民族的旧政治和旧经济是什么？而所谓中华民族的旧文化又是什么？

自周秦以来，中国是一个封建社会，其政治是封建的政治，其经济是封建的经济。而为这种政治和经济之反映的占统治地位的文化，则是封建的文化。

自外国资本主义侵略中国，中国社会又逐渐地生长了资本主义因素以来，中国已逐渐地变成了一个殖民地、半殖民地、半封建的社会。现在的中国，在日本占领区，是殖民地社会；在国民党统治区，基本上也还是一个半殖民地社会；而不论在日本占领区和国民党统治区，都是封建半封建制度占优势的社会。这就是现时中国社会的性质，这就是现时中国的国情。作为统治的东西来说，这种社会的政治是殖民地、半殖民地、半封建的政治，其经济是殖民地、半殖民地、半封建的经济，而为这种政治和经济之反映的占统治地位的文化，则是殖民地、半殖民地、半封建的文化。

这些统治的政治、经济和文化形态，就是我们革命的对象。我们要革除的，就是这种殖民地、半殖民地、半封建的旧政治、旧经济和那为这种旧政治、旧经济服务的旧文化。而我们要建立起来的，则是与此相反的东西，乃是中华民族的新政治、新经济和新文化。

那末，什么是中华民族的新政治、新经济，又什么是中华民族的新文化呢？

中国革命的历史进程，必须分为两步，其第一步是民主主义的革命，其第二步是社会主义的革命，这是性质不同的两个革命过程。而所谓民主主义，现在已不是旧范畴的民主主义，已不是旧民主主义，而是新范畴的民主主义，而是新民主主义。

由此可以断言，所谓中华民族的新政治，就是新民主主义的政治；所谓中华民族的新经济，就是新民主主义的经济；所谓中华民族的新文化，就是新民主主义的文化。

这就是现时中国革命的历史特点。在中国从事革命的一切党派，一切人们，谁不懂得这个历史特点，谁就不能指导这个革命和进行这个革命到胜利，谁就会被人民抛弃，变为向隅而泣的可怜虫。

四　中国革命是世界革命的一部分

中国革命的历史特点是分为民主主义和社会主义两个步骤，而其第一步现在已不是一般的民主主义，而是中国式的、特殊的、新式的民主主义，而是新民主主义。那末，这个历史特点是怎样形成的呢？

它是一百年来就有了的，还是后来才发生的呢？

只要研究一下中国的和世界的历史发展，就知道这个历史特点，并不是从鸦片战争[5]以来就有了的，而是在后来，在第一次帝国主义世界大战和俄国十月革命之后，才形成的。我们现在就来研究这个形成过程。

很清楚的，中国现时社会的性质，既然是殖民地、半殖民地、半封建的性质，它就决定了中国革命必须分为两个步骤。第一步，改变这个殖民地、半殖民地、半封建的社会形态，使之变成一个独立的民主主义的社会。第二步，使革命向前发展，建立一个社会主义的社会。中国现时的革命，是在走第一步。

这个第一步的准备阶段，还是自从一八四〇年鸦片战争以来，即中国社会开始由封建社会改变为半殖民地半封建社会以来，就开始了的。中经太平天国运动[6]、中法战争[7]、中日战争[8]、戊戌变法[9]、辛亥革命[10]、五四运动[11]、北伐战争、土地革命战争、直到今天的抗日战争，这样许多个别的阶段，费去了整整一百年工夫，从某一点上说来，都是实行这第一步，都是中国人民在不同的时间中和不同的程度上实行这第一步，实行反对帝国主义和封建势力，为了建立一个独立的民主主义的社会而斗争，为了完成第一个革命而斗争。而辛亥革命，则是在比较更完全的意义上开始了这个革命。这个革命，按其社会性质说来，是资产阶级民主主义的革命，不是无产阶级社会主义的革命。这个革命，现在还未完成，还须付与很大的气力，这是因为这个革命的敌人，直到现在，还是非常强大的缘故。孙中山先生说的"革命尚未成功，同志仍须努力"，就是指的这种资产阶级民主主义的革命。

然而中国资产阶级民主主义革命，自从一九一四年爆发第一次帝国主义世界大战和一九一七年俄国十月革命在地球六分之一的土地上建立了社会主义国家以来，起了一个变化。

在这以前，中国资产阶级民主主义革命，是属于旧的世界资产阶级民主主义革命的范畴之内的，是属于旧的世界资产阶级民主主义革命的一部分。

在这以后，中国资产阶级民主主义革命，却改变为属于新的资产阶级民主主义革命的范畴，而在革命的阵线上说来，则属于世界无产阶级社会主义革命的一部分了。

为什么呢？因为第一次帝国主义世界大战和第一次胜利的社会主义十月革命，改变了整个世界历史的方向，划分了整个世界历史的时代。

在世界资本主义战线已在地球的一角（这一角占全世界六分之一的土地）崩溃，而在其余的角上又已经充分显露其腐朽性的时代，在这些尚存的资本主义部分非更加依赖殖民地半殖民地便不能过活的时代，在社会主义国家已经建立并宣布它愿意为了扶助一切殖民地半殖民地的解放运动而斗争的时代，在各个资本主义国家的无产阶级一天一天从社会帝国主义的社会民主党的影响下面解放出来并宣布他们赞助殖民地半殖民地解放运动的时代，在这种时代，任何殖民地半殖民地国家，如果发生了反对帝国主义，即反对国际资产阶级、反对国际资本主义的革命，它就不再是属于旧的世界资产阶级民主主义革命的范畴，而属于新的范畴了；它就不再是旧的资产阶级和资本主义的世界革命的一部分，而是新的世界革命的一部分，即无产阶级社会主义世界革命的一部分了。这种革命的殖民地半殖民地，已经不能当作世界资本主义反革命战线的同盟军，而改变为世界社会主义革命战线的同盟军了。

这种殖民地半殖民地革命的第一阶段，第一步，虽然按其社会性质，基本上依然还是资产阶级民主主义的，它的客观要求，是为资本主义的发展扫清道路；然而这种革命，已经不是旧的、被资产阶级领导的、以建立资本主义的社会和资产阶级专政的国家为目的的革命，而是新的、被无产阶级领导的、以在第一阶段上建立新民主主义的社会和建立各个革命阶级联合专政的国家为目的的革命。因此，这种革命又恰是为社会主义的发展扫清更广大的道路。这种革命，在其进行中，因为敌情和同盟军的变化，又分为若干的阶段，然而其基本性质是没有变化的。

这种革命，是彻底打击帝国主义的，因此它不为帝国主义所容许，而为帝国主义所反对。但是它却为社会主义所容许，而为社会主义的国家和社会主义的国际无产阶级所援助。

因此，这种革命，就不能不变成无产阶级社会主义世界革命的一部分。

"中国革命是世界革命的一部分"，这一正确的命题，还是在一九二四年至一九二七年的中国第一次大革命时期，就提出了的。这是中国共产党人提出，而为当时一切参加反帝反封建斗争的人们所赞成的。不过那时这一理论的意义还没有发挥，以致人们还只是模糊地认识这个问题。

这种"世界革命"，已不是旧的世界革命，旧的资产阶级世界革命早已完结了；而是新的世界革命，而是社会主义的世界革命。同样，这种"一部分"，已经不是旧的资产阶级革命的一部分，而是新的社会主义革命的一部分。这是一个绝大的变化，这是自有世界历史和中国历史以来无可比拟的大变化。

中国共产党人提出的这一正确的命题，是根据斯大林的理论的。

斯大林还在一九一八年所作十月革命一周年纪念的论文时，就说道：

"十月革命的伟大的世界意义，主要的是：第一，它扩大了民族问题的范围，把它从欧洲反对民族压迫的斗争的局部问题，变为各被压迫民族、各殖民地及半殖民地从帝国主义之下解放出来的总问题；第二，它给这一解放开辟了广大的可能性和现实的道路，这就大大地促进了西方和东方的被压迫民族的解放事业，把他们吸引到胜利的反帝国主义斗争的巨流中去；第三，它从而在社会主义的西方和被奴役的东方之间架起了一道桥梁，建立了一条从西方无产者经过俄国革命到东方被压迫民族的新的反对世界帝国主义的革命战线。"[12]

从这篇文章以后，斯大林曾经多次地发挥了关于论述殖民地半殖民地的革命脱离了旧范畴，改变成了无产阶级社会主义革命一部分的理论。解释得最清楚明确的，是斯大林在一九二五年六月三十日发表的同当时南斯拉夫的民族主义者争论的文章。这篇文章载在张仲实译的《斯大林论民族问题》一书上面，题目叫做《再论民族问题》。其中有这么一段：

"舍米契引证了斯大林在一九一二年年底所著《马克思主义与民

族问题》那本小册子中的一个地方。那里曾说：'在上升的资本主义的条件之下，民族的斗争是资产阶级相互之间的斗争。'显然，他企图以此来暗示他给当前历史条件下的民族运动的社会意义所下的定义是正确的。然而，斯大林那本小册子是在帝国主义战争以前写的，那时候民族问题在马克思主义者看来还不是一个具有全世界意义的问题，那时候马克思主义者关于民族自决权的基本要求不是当作无产阶级革命的一部分，而是当作资产阶级民主革命的一部分。自那时候起，国际形势已经根本地改变了，战争和俄国十月革命已把民族问题从资产阶级民主革命的一部分变成了无产阶级社会主义革命的一部分了，——要是看不清这一点，那就未免太可笑了。列宁还在一九一六年十月间，就在他的《民族自决权讨论的总结》一文中说过，民族问题中关于民族自决权的基本点，已不再是一般民主运动的一部分，它已经变成一般无产阶级的、社会主义革命的一个构成部分了。列宁以及俄国共产主义的其他代表者关于民族问题的以后的一些著作，我就不用讲了。现在，当我们由于新的历史环境而进入于一个新的时代——无产阶级革命的时代，舍米契在这一切以后却引证斯大林在俄国资产阶级民主革命时期所写的那本小册子中的一个地方，这能有什么意义呢？它只能有这样一个意义，就是舍米契是离开时间和空间，不顾到活的历史环境来引证的，因而违反了辩证法的最基本的要求，没有考虑到在某一个历史环境下是正确的东西在另一个历史环境下就可以成为不正确的。"

由此可见，有两种世界革命，第一种是属于资产阶级和资本主义范畴的世界革命。这种世界革命的时期早已过去了，还在一九一四年第一次帝国主义世界大战爆发之时，尤其是在一九一七年俄国十月革命之时，就告终结了。从此以后，开始了第二种世界革命，即无产阶级的社会主义的世界革命。这种革命，以资本主义国家的无产阶级为主力军，以殖民地半殖民地的被压迫民族为同盟军。不管被压迫民族中间参加革命的阶级、党派或个人，是何种的阶级、党派或个人，又不管他们意识着这一点与否，他们主观上了解了这一点与否，只要他们反对帝国主义，他们的革命，就成了无产阶级社会主义世界革命的一部分，他们就成了无产阶级社会主义世界革命的同盟军。

中国革命到了今天，它的意义更加增大了。在今天，是在由于资本主义的经济危机和政治危机已经一天一天把世界拖进第二次世界大战的时候；是在苏联已经到了由社会主义到共产主义的过渡期，有能力领导和援助全世界无产阶级和被压迫民族，反抗帝国主义战争，打击资本主义反动的时候；是在各资本主义国家的无产阶级正在准备打倒资本主义、实现社会主义的时候；是在中国无产阶级、农民阶级、知识分子和其他小资产阶级在中国共产党的领导之下，已经形成了一个伟大的独立的政治力量的时候。在今天，我们是处在这种时候，那末，应该不应该估计中国革命的世界意义是更加增大了呢？我想是应该的。中国革命是世界革命的伟大的一部分。

这个中国革命的第一阶段（其中又分为许多小阶段），其社会性质是新式的资产阶级民主主义的革命，还不是无产阶级社会主义的革命，但早已成了无产阶级社会主义的世界革命的一部分，现在则更成了这种世界革命的伟大的一部分，成了这种世界革命的伟大的同盟军。这个革命的第一步、第一阶段，决不是也不能建立中国资产阶级专政的资本主义的社会，而是要建立以中国无产阶级为首领的中国各个革命阶级联合专政的新民主主义的社会，以完结其第一阶段。然后，再使之发展到第二阶段，以建立中国社会主义的社会。

这就是现时中国革命的最基本的特点，这就是二十年来（从一九一九年五四运动算起）的新的革命过程，这就是现时中国革命的生动的具体的内容。

五　新民主主义的政治

中国革命分为两个历史阶段，而其第一阶段是新民主主义的革命，这是中国革命的新的历史特点。这个新的特点具体地表现在中国内部的政治关系和经济关系上又是怎样的呢？下面我们就来说明这种情形。

在一九一九年五四运动以前（五四运动发生于一九一四年第一次帝国主义大战和一九一七年俄国十月革命之后），中国资产阶级民主革命的政治指导者是中国的小资产阶级和资产阶级（他们的知识分子）。这时，中国无产阶级还没有当作一个觉悟了的独立的阶级力量登上政治的舞台，还是当作小资产阶级和资产阶级的追随者参加了革命。例如辛亥革命时的无产阶级，就是这样的阶级。

在五四运动以后，虽然中国民族资产阶级继续参加了革命，但是中国资产阶级民主革命的政治指导者，已经不是属于中国资产阶级，而是属于中国无产阶级了。这时，中国无产阶级，由于自己的长成和俄国革命的影响，已经迅速地变成了一个觉悟了的独立的政治力量了。打倒帝国主义的口号和整个中国资产阶级民主革命的彻底的纲领，是中国共产党提出的；而土地革命的实行，则是中国共产党单独进行的。

由于中国民族资产阶级是殖民地半殖民地国家的资产阶级，是受帝国主义压迫的，所以，虽然处在帝国主义时代，他们也还是在一定时期中和一定程度上，保存着反对外国帝国主义和反对本国官僚军阀政府（这后者，例如在辛亥革命时期和北伐战争时期）的革命性，可以同无产阶级、小资产阶级联合起来，反对它们所愿意反对的敌人。这是中国资产阶级和旧俄帝国的资产阶级的不同之点。在旧俄帝国，因为它已经是一个军事封建的帝国主义，是侵略别人的，所以俄国的资产阶级没有什么革命性。在那里，无产阶级的任务，是反对资产阶级，而不是联合它。在中国，因为它是殖民地半殖民地，是被人侵略的，所以中国民族资产阶级还有在一定时期中和一定程度上的革命性。在这里，无产阶级的任务，在于不忽视民族资产阶级的这种革命性，而和他们建立反帝国主义和反官僚军阀政府的统一战线。

但同时，也即是由于他们是殖民地半殖民地的资产阶级，他们在经济上和政治上是异常软弱的，他们又保存了另一种性质，即对于革命敌人的妥协性。中国的民族资产阶级，即使在革命时，也不愿意同帝国主义完全分裂，并且他们同农村中的地租剥削有密切联系，因此，他们就不愿和不能彻底推翻帝国主义，更加不愿和更加不能彻底推翻封建势力。这样，中国资产阶级民主革命的两个基本问题，两大基本任务，中国民族资产阶级都不能解决。至于中国的大资产阶级，以国民党为代表，在一九二七年至一九三七年这一个长的时期内，一直是投入帝国主义的怀抱，并和封建势力结成同盟，反对革命人民的。中国的民族资产阶级也曾在一九二七年及其以后的一个时期内一度附和过反革命。在抗日战争中，大资产阶级的一部分，以汪精卫[13]为代表，又已投降敌人，表示了大资产阶级的新的叛变。这又是中国资产阶级同历史上欧美各国的资产阶级特别是法国的资产阶级的不同之点。在欧美各国，特别在法国，当它们还在革命时代，那里的资产阶级革命是比较彻底的；在中国，资产阶级则连这点彻底性都没有。

一方面——参加革命的可能性，又一方面——对革命敌人的妥协性，这就是中国资产阶级"一身而二任焉"的两面性。这种两面性，就是欧美历史上的资产阶级，也是同具的。大敌当前，他们要联合工农反对敌人；工农觉悟，他们又联合敌人反对工农。这是世界各国资产阶级的一般规律，不过中国资产阶级的这个特点更加突出罢了。

在中国，事情非常明白，谁能领导人民推翻帝国主义和封建势力，谁就能取得人民的信仰，因为人民的死敌是帝国主义和封建势力、而特别是帝国主义的缘故。在今日，谁能领导人民驱逐日本帝国主义，并实施民主政治，谁就是人民的救星。历史已经证明：中国资产阶级是不能尽此责任的，这个责任就不得不落在无产阶级的肩上了。

所以，无论如何，中国无产阶级、农民、知识分子和其他小资产阶级，乃是决定国家命运的基本势力。这些阶级，或者已经觉悟，或者正在觉悟起来，他们必然要成为中华民主共和国的国家构成和政权构成的基本部分，而无产阶级则是领导的力量。现在所要建立的中华民主共和国，只能是在无产阶级领导下的一切反帝反封建的人们联合专政的民主共和国，这就是新民主主义的共和国，也就是真正革命的三大政策的新三民主义共和国。

这种新民主主义共和国，一方面和旧形式的、欧美式的、资产阶级专政的、资本主义的共和国相区别，那是旧民主主义的共和国，那种共和国已经过时了；另一方面，也和苏联式的、无产阶级专政的、社会主义的共和国相区别，那种社会主义的共和国已经在苏联兴盛起来，并且还要在各资本主义国家建立起来，无疑将成为一切工业先进国家的国家构成和政权构成的统治形式；但是那种共和国，在一定的历史时期中，还不适用于殖民地半殖民地国家的革命。因此，一切殖民地半殖民地国家的革命，在一定历史时期中所采取的国家形式，只能是第三种形式，这就是所谓新民主主义共和国。这是一定历史时期的形式，因而是过渡的形式，但是不可移易的必要的形式。

因此，全世界多种多样的国家体制中，按其政权的阶级性质来划分，基本地不外乎这三种：（甲）资产阶级专政的共和国；（乙）无产阶级专政的共和国；（丙）几个革命阶级联合专政的共和国。

第一种，是旧民主主义的国家。在今天，在第二次帝国主义战争爆发之后，许多资本主义国家已经没有民主气息，已经转变或即将转变为资产阶级的血腥的军事专政了。某些地主和资产阶级联合专政的国家，可以附在这一类。

第二种，除苏联外，正在各资本主义国家中酝酿着。将来要成为一定时期中的世界统治形式。

第三种，殖民地半殖民地国家的革命所采取的过渡的国家形式。各个殖民地半殖民地国家的革命必然会有某些不同特点，但这是大同中的小异。只要是殖民地或半殖民地的革命，其国家构成和政权构成，基本上必然相同，即几个反对帝国主义的阶级联合起来共同专政的新民主主义的国家。在今天的中国，这种新民主主义的国家形式，就是抗日统一战线的形式。它是抗日的，反对帝国主义的；又是几个革命阶级联合的，统一战线的。但可惜，抗战许久了，除了共产党领导下的抗日民主根据地外，大部分地区关于国家民主化的工作基本上还未着手，日本帝国主义就利用这个最根本的弱点，大踏步地打了进来；再不变计，民族的命运是非常危险的。

　　这里所谈的是"国体"问题。这个国体问题，从前清末年起，闹了几十年还没有闹清楚。其实，它只是指的一个问题，就是社会各阶级在国家中的地位。资产阶级总是隐瞒这种阶级地位，而用"国民"的名词达到其一阶级专政的实际。这种隐瞒，对于革命的人民，毫无利益，应该为之清楚地指明。"国民"这个名词是可用的，但是国民不包括反革命分子，不包括汉奸。一切革命的阶级对于反革命汉奸们的专政，这就是我们现在所要的国家。

　　"近世各国所谓民权制度，往往为资产阶级所专有，适成为压迫平民之工具。若国民党之民权主义，则为一般平民所共有，非少数人所得而私也。"这是一九二四年在国共合作的国民党的第一次全国代表大会宣言中的庄严的声明。十六年来，国民党自己违背了这个声明，以致造成今天这样国难深重的局面。这是国民党一个绝大的错误，我们希望它在抗日的洗礼中改正这个错误。

　　至于还有所谓"政体"问题，那是指的政权构成的形式问题，指的一定的社会阶级取何种形式去组织那反对敌人保护自己的政权机关。没有适当形式的政权机关，就不能代表国家。中国现在可以采取全国人民代表大会、省人民代表大会、县人民代表大会、区人民代表大会直到乡人民代表大会的系统，并由各级代表大会选举政府。但必须实行无男女、信仰、财产、教育等差别的真正普遍平等的选举制，才能适合于各革命阶级在国家中的地位，适合于表现民意和指挥革命斗争，适合于新民主主义的精神。这种制度即是民主集中制。只有民主集中制的政府，才能充分地发挥一切革命人民的意志，也才能最有力量地去反对革命的敌人。"非少数人所得而私"的精神，必须表现在政府和军队的组成中，如果没有真正的民主制度，就不能达到这个目的，就叫做政体和国体不相适应。

国体——各革命阶级联合专政。政体——民主集中制。这就是新民主主义的政治，这就是新民主主义的共和国，这就是抗日统一战线的共和国，这就是三大政策的新三民主义的共和国，这就是名副其实的中华民国。我们现在虽有中华民国之名，尚无中华民国之实，循名责实，这就是今天的工作。

这就是革命的中国、抗日的中国所应该建立和决不可不建立的内部政治关系，这就是今天"建国"工作的唯一正确的方向。

六　新民主主义的经济

在中国建立这样的共和国，它在政治上必须是新民主主义的，在经济上也必须是新民主主义的。

大银行、大工业、大商业，归这个共和国的国家所有。"凡本国人及外国人之企业，或有独占的性质，或规模过大为私人之力所不能办者，如银行、铁道、航路之属，由国家经营管理之，使私有资本制度不能操纵国民之生计，此则节制资本之要旨也。"这也是国共合作的国民党的第一次全国代表大会宣言中的庄严的声明，这就是新民主主义共和国的经济构成的正确的方针。在无产阶级领导下的新民主主义共和国的国营经济是社会主义的性质，是整个国民经济的领导力量，但这个共和国并不没收其他资本主义的私有财产，并不禁止"不能操纵国民生计"的资本主义生产的发展，这是因为中国经济还十分落后的缘故。

这个共和国将采取某种必要的方法，没收地主的土地，分配给无地和少地的农民，实行中山先生"耕者有其田"的口号，扫除农村中的封建关系，把土地变为农民的私产。农村的富农经济，也是容许其存在的。这就是"平均地权"的方针。这个方针的正确的口号，就是"耕者有其田"。在这个阶段上，一般地还不是建立社会主义的农业，但在"耕者有其田"的基础上所发展起来的各种合作经济，也具有社会主义的因素。

中国的经济，一定要走"节制资本"和"平均地权"的路，决不能是"少数人所得而私"，决不能让少数资本家少数地主"操纵国民生计"，决不能建立欧美式的资本主义社会，也决不能还是旧的半封建社会。谁要是敢于违反这个方向，他就一定达不到目的，他就自己要碰破头的。

这就是革命的中国、抗日的中国应该建立和必然要建立的内部经济关系。

这样的经济，就是新民主主义的经济。

而新民主主义的政治，就是这种新民主主义经济的集中的表现。

七　驳资产阶级专政

这种新民主主义政治和新民主主义经济的共和国，是全国百分之九十以上的人民都赞成的，舍此没有第二条路走。

走建立资产阶级专政的资本主义社会之路吗？诚然，这是欧美资产阶级走过的老路，但无如国际国内的环境，都不容许中国这样做。

依国际环境说，这条路是走不通的。现在的国际环境，从基本上说来，是资本主义和社会主义斗争的环境，是资本主义向下没落，社会主义向上生长的环境。要在中国建立资产阶级专政的资本主义社会，首先是国际资本主义即帝国主义不容许。帝国主义侵略中国，反对中国独立，反对中国发展资本主义的历史，就是中国的近代史。历来中国革命的失败，都是被帝国主义绞杀的，无数革命的先烈，为此而抱终天之恨。现在是一个强大的日本帝国主义打了进来，它是要把中国变成殖民地的；现在是日本在中国发展它的资本主义，却不是什么中国发展资本主义；现在是日本资产阶级在中国专政，却不是什么中国资产阶级专政。不错，现在是帝国主义最后挣扎的时期，它快要死了，"帝国主义是垂死的资本主义"[14]。但是正因为它快要死了，它就更加依赖殖民地半殖民地过活，决不容许任何殖民地半殖民地建立什么资产阶级专政的资本主义社会。正因为日本帝国主义陷在严重的经济危机和政治危机的深坑之中，就是说，它快要死了，它就一定要打中国，一定要把中国变为殖民地，它就断绝了中国建立资产阶级专政和发展民族资本主义的路。

其次，是社会主义不容许。这个世界上，所有帝国主义都是我们的敌人，中国要独立，决不能离开社会主义国家和国际无产阶级的援助。这就是说，不能离开苏联的援助，不能离开日本和英、美、法、德、意各国无产阶级在其本国进行反资本主义斗争的援助。虽然不能说，中国革命的胜利一定要在日本和英、美、法、德、意各国或其中一二国的革命胜利之后，但须加上它们的力量才能胜利，这是没有疑义的。尤其是苏联的援助，是抗战最后胜利决不可少的条件。拒绝苏联的援助，革命就要失败，一九二七年以后反苏运动[15]的教训，不是异常明显的吗？现在的世界，是处在革命和战争的新时代，是资本主义决然死灭和社会主义决然兴盛的时代。在这种情形下，要在中国反帝反封建胜利之后，再建立资产阶级专政的资本主义社会，岂非是完全的梦呓？

如果说，由于特殊条件（资产阶级战胜了希腊的侵略，无产阶级的力量太薄弱），在第一次帝国主义大战和十月革命之后，还有过一个基马尔式的小小的资产阶级专政的土耳其[16]，那末，在第二次世界大战和苏联已经完成社会主义建设之后，就决不会再有一个土耳其，尤其决不容许有一个四亿五千万人口的土耳其。由于中国的特殊条件（资产阶级的软弱和妥协性，无产阶级的强大和革命彻底性），中国从来也没有过土耳其的那种便宜事情。一九二七年中国第一次大革命失败之后，中国的资产阶级分子不是曾经高唱过什么基马尔主义吗？然而中国的基马尔在何处？中国的资产阶级专政和资本主义社会又在何处呢？何况所谓基马尔的土耳其，最后也不能不投入英法帝国主义的怀抱，一天一天变成了半殖民地，变成了帝国主义反动世界的一部分。处在今天的国际环境中，殖民地半殖民地的任何英雄好汉们，要就是站在帝国主义战线方面，变为世界反革命力量的一部分；要就是站在反帝国主义战线方面，变为世界革命力量的一部分。二者必居其一，其他的道路是没有的〔17〕。

依国内环境说，中国资产阶级应该获得了必要的教训。中国资产阶级，以大资产阶级为首，在一九二七年的革命刚刚由于无产阶级、农民和其他小资产阶级的力量而得到胜利之际，他们就一脚踢开了这些人民大众，独占革命的果实，而和帝国主义及封建势力结成了反革命联盟，并且费了九牛二虎之力，举行了十年的"剿共"战争。然而结果又怎么样呢？现在是当一个强大敌人深入国土、抗日战争已打了两年之后，难道还想抄袭欧美资产阶级已经过时了的老章程吗？过去的"剿共十年"并没有"剿"出什么资产阶级专政的资本主义社会，难道还想再来试一次吗？不错，"剿共十年""剿"出了一个"一党专政"，但这乃是半殖民地半封建的专政。而在"剿共"四年（一九二七年至一九三一年的"九一八"）之后，就已经"剿"出了一个"满洲国"；再加六年，至一九三七年，就把一个日本帝国主义"剿"进中国本部来了。如果有人还想从今日起，再"剿"十年，那就已经是新的"剿共"典型，同旧的多少有点区别。但是这种新的"剿共"事业，不是已经有人捷足先登、奋勇担负起来了吗？这个人就是汪精卫，他已经是大名鼎鼎的新式反共人物了。谁要加进他那一伙去，那是行的，但是什么资产阶级专政呀，资本主义社会呀，基马尔主义呀，现代国家呀，一党专政呀，一个主义呀，等等花腔，岂非更加不好意思唱了吗？如果不入汪精卫一伙，要入抗日一伙，又想于抗日胜利之后，一脚踢开抗日人民，自己独占抗日成果，来一个"一党专政万岁",又岂非近于做梦吗?抗日,抗日,是谁之力?离了工人、农民和其他小资产阶级,你就不能走动一步。谁还敢于去踢他们,谁就要变为粉碎,这又岂非成了常识范围里的东西了吗?但是中国资产阶级顽固派(我说的是顽固派),二十年来,似乎并没有得到什么教训。不见他们还在那里高叫什么"限共"、"溶共"、"反共"吗?不见他们一个《限制异党活动办法》之后,再来一个《异党问题处理办法》,再来一个《处理异党问题实施方案》[18]吗?好家伙,这样地"限制"和"处理"下去,不知他们准备置民族命运于何地,也不知他们准备置其自身于何地?我们诚心诚意地奉劝这些先生们,你们也应该睁开眼睛看一看中国和世界,看一看国内和国外,看一看现在是什么样子,不要再重复你们的错误了。再错下去,民族命运固然遭殃,我看你们自己的事情也不大好办。这是断然的,一定的,确实的,中国资产阶级顽固派如不觉悟,他们的事情是并不美妙的,他们将得到一个自寻死路的前途。所以我们希望中国的抗日统一战线坚持下去,不是一家独霸而是大家合作,把抗日的事业弄个胜利,才是上策,否则一概是下策。这是我们共产党人的衷心劝告,"勿谓言之不预也"。

中国有一句老话:"有饭大家吃。"这是很有道理的。既然有敌大家打,就应该有饭大家吃,有事大家做,有书大家读。那种"一人独吞"、"人莫予毒"的派头,不过是封建主的老戏法,拿到二十世纪四十年代来,到底是行不通的。

我们共产党人对于一切革命的人们,是决不排斥的,我们将和所有愿意抗日到底的阶级、阶层、政党、政团以及个人,坚持统一战线,实行长期合作。但人家要排斥共产党,那是不行的;人家要分裂统一战线，那是不行的。中国必须抗战下去，团结下去，进步下去；谁要投降，要分裂，要倒退，我们是不能容忍的。

八　驳"左"倾空谈主义

不走资产阶级专政的资本主义的路，是否就可以走无产阶级专政的社会主义的路呢？

也不可能。

没有问题，现在的革命是第一步，将来要发展到第二步，发展到社会主义。中国也只有进到社会主义时代才是真正幸福的时代。但是现在还不是实行社会主义的时候。中国现在的革命任务是反帝反封建的任务，这个任务没有完成以前，社会主义是谈不到的。中国革命不能不做两步走，第一步是新民主主义，第二步才是社会主义。而且第一步的时间是相当地长，决不是一朝一夕所能成就的。我们不是空想家，我们不能离开当前的实际条件。

有些恶意的宣传家，故意混淆这两个不同的革命阶段，提倡所谓"一次革命论"，用以证明什么革命都包举在三民主义里面了，共产主义就失了存在的理由；用这种"理论"，起劲地反对共产主义和共产党，反对八路军新四军和陕甘宁边区。其目的，是想根本消灭任何革命，反对资产阶级民主革命的彻底性，反对抗日的彻底性，而为投降日寇准备舆论。这种情形，是日本帝国主义有计划地造成的。因为日本帝国主义在占领武汉后，知道单用武力不能屈服中国，乃着手于政治进攻和经济引诱。所谓政治进攻，就是在抗日阵线中诱惑动摇分子，分裂统一战线，破坏国共合作。所谓经济引诱，就是所谓"合办实业"。在华中华南，日寇允许中国资本家投资百分之五十一，日资占百分之四十九；在华北，日寇允许中国资本家投资百分之四十九，日资占百分之五十一。日寇并允许将各中国资本家原有产业，发还他们，折合计算，充作资本。这样一来，一些丧尽天良的资本家，就见利忘义，跃跃欲试。一部分资本家，以汪精卫为代表，已经投降了。再一部分资本家，躲在抗日阵线内的，也想跑去。但是他们做贼心虚，怕共产党阻挡他们的去路，更怕老百姓骂汉奸。于是打伙儿地开了个会，决议：事先要在文化界舆论界准备一下。计策已定，事不宜迟，于是雇上几个玄学鬼〔19〕，再加几名托洛茨基，摇动笔杆枪，就乱唤乱叫、乱打乱刺了一顿。于是什么"一次革命论"呀，共产主义不适合中国国情呀，共产党在中国没有存在之必要呀，八路军新四军破坏抗日、游而不击呀，陕甘宁边区是封建割据呀，共产党不听话、不统一、有阴谋、要捣乱呀，来这么一套，骗那些不知世事的人，以便时机一到，资本家们就很有理由地去拿百分之四十九或五十一，而把全民族的利益一概卖给敌人。这个叫做偷梁换柱，实行投降之前的思想准备或舆论准备。这班先生们，像煞有介事地提倡"一次革命论"，反对共产主义和共产党，却原来不为别的，专为百分之四十九或五十一，其用心亦良苦矣。"一次革命论"者，不要革命论也，这就是问题的本质。

但是还有另外一些人，他们似乎并无恶意，也迷惑于所谓"一次革命论"，迷惑于所谓"举政治革命与社会革命毕其功于一役"的纯主观的想头；而不知革命有阶段之分，只能由一个革命到另一个革命，无所谓"毕其功于一役"。这种观点，混淆革命的步骤，降低对于当前任务的努力，也是很有害的。如果说，两个革命阶段中，第一个为第二个准备条件，而两个阶段必须衔接，不容横插一个资产阶级专政的阶段，这是正确的，这是马克思主义的革命发展论。如果说，民主革命没有自己的一定任务，没有自己的一定时间，而可以把只能在另一个时间去完成的另一任务，例如社会主义的任务，合并在民主主义任务上面去完成，这个叫做"毕其功于一役"，那就是空想，而为真正的革命者所不取的。

九 驳顽固派

于是资产阶级顽固派就跑出来说：好，你们共产党既然把社会主义社会制度推到后一个阶段去了，你们既然又宣称"三民主义为中国今日之必需，本党愿为其彻底实现而奋斗"[20]，那末，就把共产主义暂时收起好了。这种议论，在所谓"一个主义"的标题之下，已经变成了狂妄的叫嚣。这种叫嚣，其本质就是顽固分子们的资产阶级专制主义。但为了客气一点，叫它作毫无常识，也是可以的。

共产主义是无产阶级的整个思想体系，同时又是一种新的社会制度。这种思想体系和社会制度，是区别于任何别的思想体系和任何别的社会制度的，是自有人类历史以来，最完全最进步最革命最合理的。封建主义的思想体系和社会制度，是进了历史博物馆的东西了。资本主义的思想体系和社会制度，已有一部分进了博物馆（在苏联）；其余部分，也已"日薄西山，气息奄奄，人命危浅，朝不虑夕"，快进博物馆了。惟独共产主义的思想体系和社会制度，正以排山倒海之势，雷霆万钧之力，磅礴于全世界，而葆其美妙之青春。中国自有科学的共产主义以来，人们的眼界是提高了，中国革命也改变了面目。中国的民主革命，没有共产主义去指导是决不能成功的，更不必说革命的后一阶段了。这也就是资产阶级顽固派为什么要那样叫嚣和要求"收起"它的原因。其实，这是"收起"不得的，一收起，中国就会亡国。现在的世界，依靠共产主义做救星；现在的中国，也正是这样。

谁人不知，关于社会制度的主张，共产党是有现在的纲领和将来的纲领，或最低纲领和最高纲领两部分的。在现在，新民主主义，在将来，社会主义，这是有机构成的两部分，而为整个共产主义思想体系所指导的。因为共产党的最低纲领和三民主义的政治原则基本上相同，就狂叫"收起"共产主义，岂非荒谬绝伦之至？在共产党人，正因三民主义的政治原则有和自己的最低纲领基本上相同之点，所以才有可能承认"三民主义为抗日统一战线的政治基础"，才有可能承认"三民主义为中国今日之必需，本党愿为其彻底实现而奋斗"，否则就没有这种可能了。这是共产主义和三民主义在民主革命阶段上的统一战线，孙中山所谓"共产主义是三民主义的好朋友"[21]，也正是指的这种统一战线。否认共产主义，实际上就是否认统一战线。顽固派也正是要奉行其一党主义，否认统一战线，才造出那些否认共产主义的荒谬说法来。

"一个主义"也不通。在阶级存在的条件之下，有多少阶级就有多少主义，甚至一个阶级的各集团中还各有各的主义。现在封建阶级有封建主义，资产阶级有资本主义，佛教徒有佛教主义，基督徒有基督主义，农民有多神主义，近年还有人提倡什么基马尔主义，法西斯主义，唯生主义[22]，"按劳分配主义"[23]，为什么无产阶级不可以有一个共产主义呢？既然是数不清的主义，为什么见了共产主义就高叫"收起"呢？讲实在话，"收起"是不行的，还是比赛吧。谁把共产主义比输了，我们共产党人自认晦气。如若不然，那所谓"一个主义"的反民权主义的作风，还是早些"收起"吧！

为了免除误会，并使顽固派开开眼界起见，关于三民主义和共产主义的异同，有清楚指明之必要。

三民主义和共产主义两个主义比较起来，有相同的部分，也有不同的部分。

第一，相同部分。这就是两个主义在中国资产阶级民主革命阶段上的基本政纲。一九二四年孙中山重新解释的三民主义中的革命的民族主义、民权主义和民生主义这三个政治原则，同共产主义在中国民主革命阶段的政纲，基本上是相同的。由于这些相同，并由于三民主义见之实行，就有两个主义两个党的统一战线。忽视这一方面，是错误的。

第二，不同部分。则有：（一）民主革命阶段上一部分纲领的不相同。共产主义的全部民主革命政纲中有彻底实现人民权力、八小时工作制和彻底的土地革命纲领，三民主义则没有这些部分。如果它不补足这些，并且准备实行起来，那对于民主政纲就只是基本上相同，不能说完全相同。（二）有无社会主义革命阶段的不同。共产主义于民主革命阶段之外，还有一个社会主义革命阶段，因此，于最低纲领之外，还有一个最高纲领，即实现社会主义和共产主义社会制度的纲领。三民主义则只有民主革命阶段，没有社会主义革命阶段，因此它就只有最低纲领，没有最高纲领，即没有建立社会主义和共产主义社会制度的纲领。（三）宇宙观的不同。共产主义的宇宙观是辩证唯物论和历史唯物论，三民主义的宇宙观则是所谓民生史观，实质上是二元论或唯心论，二者是相反的。（四）革命彻底性的不同。共产主义者是理论和实践一致的，即有革命彻底性。三民主义者除了那些最忠实于革命和真理的人们之外，是理论和实践不一致的，讲的和做的互相矛盾，即没有革命彻底性。上述这些，都是两者的不同部分。由于这些不同，共产主义者和三民主义者之间就有了差别。忽视这种差别，只看见统一方面，不看见矛盾方面，无疑是非常错误的。

明白了这些之后，就可以明白，资产阶级顽固派要求"收起"共产主义，这是什么意思呢？不是资产阶级的专制主义，就是毫无常识了。

一〇　旧三民主义和新三民主义

资产阶级顽固派完全不知道历史的变化，其知识的贫乏几等于零。他们既不知道共产主义和三民主义的区别，也不知道新三民主义和旧三民主义的区别。

我们共产党人承认"三民主义为抗日民族统一战线的政治基础"，承认"三民主义为中国今日之必需，本党愿为其彻底实现而奋斗"，承认共产主义的最低纲领和三民主义的政治原则基本上相同。但是这种三民主义是什么三民主义呢？这种三民主义不是任何别的三民主义，乃是孙中山先生在《中国国民党第一次全国代表大会宣言》中所重新解释的三民主义。我愿顽固派先生们，于其"限共"、"溶共"、

"反共"等工作洋洋得意之余，也去翻阅一下这个宣言。原来孙中山先生在这个宣言中说道："国民党之三民主义，其真释具如此。"就可知只有这种三民主义，才是真三民主义，其他都是伪三民主义。只有《中国国民党第一次全国代表大会宣言》里对于三民主义的解释才是"真释"，其他一切都是伪释。这大概不是共产党"造谣"吧，这篇宣言的通过，我和很多的国民党员都是亲眼看见的。

这篇宣言，区分了三民主义的两个历史时代。在这以前，三民主义是旧范畴的三民主义，是旧的半殖民地资产阶级民主革命的三民主义，是旧民主主义的三民主义，是旧三民主义。

在这以后，三民主义是新范畴的三民主义，是新的半殖民地资产阶级民主革命的三民主义，是新民主主义的三民主义，是新三民主义。只有这种三民主义，才是新时期的革命的三民主义。

这种新时期的革命的三民主义，新三民主义或真三民主义，是联俄、联共、扶助农工三大政策的三民主义。没有三大政策，或三大政策缺一，在新时期中，就都是伪三民主义，或半三民主义。

第一，革命的三民主义，新三民主义，或真三民主义，必须是联俄的三民主义。现在的事情非常明白，如果没有联俄政策，不同社会主义国家联合，那就必然是联帝政策，必然同帝国主义联合。不见一九二七年之后，就已经有过这种情形吗？社会主义的苏联和帝国主义之间的斗争一经进一步尖锐化，中国不站在这方面，就要站在那方面，这是必然的趋势。难道不可以不偏不倚吗？这是梦想。全地球都要卷进这两个战线中去，在今后的世界中，"中立"只是骗人的名词。何况中国是在同一个深入国土的帝国主义奋斗，没有苏联帮助，就休想最后胜利。如果舍联俄而联帝,那就必须将"革命"二字取消,变成反动的三民主义。归根结底,没有"中立"的三民主义,只有革命的或反革命的三民主义。如果照汪精卫从前的话,来一个"夹攻中的奋斗"[24],来一个"夹攻中奋斗"的三民主义,岂不勇矣哉?但可惜连发明人汪精卫也放弃(或"收起")了这种三民主义,他现在改取了联帝的三民主义。如果说帝亦有东帝西帝之分,他联的是东帝,我和他相反,联一批西帝,东向而击,又岂不革命矣哉?但无如西帝们要反苏反共,你联它们,它们就要请你北向而击,你革命也革不成。所有这些情形,就规定了革命的三民主义,新三民主义,或真三民主义,必须是联俄的三民主义,决不能是同帝国主义联合反俄的三民主义。

第二,革命的三民主义,新三民主义,或真三民主义,必须是联共的三民主义。如不联共,就要反共。反共是日本帝国主义和汪精卫的政策,你也要反共,那很好,他们就请你加入他们的反共公司。但这岂非有点当汉奸的嫌疑吗?我不跟日本走,单跟别国走。那也滑稽。不管你跟谁走,只要反共,你就是汉奸,因为你不能再抗日。我独立反共。那是梦话。岂有殖民地半殖民地的好汉们,能够不靠帝国主义之力,干得出如此反革命大事吗?昔日差不多动员了全世界帝国主义的气力反了十年之久还没有反了的共,今日忽能"独立"反之吗?听说外边某些人有这么一句话:"反共好,反不了。"如果传言非虚,那末,这句话只有一半是错的,"反共"有什么"好"呢?却有一半是对的,"反共"真是"反不了"。其原因,基本上不在于"共"而在于老百姓,因为老百姓欢喜"共",却不欢喜"反"。老百姓是决不容情的，在一个民族敌人深入国土之时，你要反共，他们就要了你的命。这是一定的，谁要反共谁就要准备变成齑粉。如果没有决心准备变自己为齑粉的话，那就确实以不反为妙。这是我们向一切反共英雄们的诚恳的劝告。因之清楚而又清楚，今日的三民主义，必须是联共的三民主义，否则，三民主义就要灭亡。这是三民主义的存亡问题。联共则三民主义存，反共则三民主义亡，谁能证明其不然呢？

第三，革命的三民主义，新三民主义，或真三民主义，必须是农工政策的三民主义。不要农工政策，不真心实意地扶助农工，不实行《总理遗嘱》上的"唤起民众"，那就是准备革命失败，也就是准备自己失败。斯大林说："所谓民族问题，实质上就是农民问题。"[25]这就是说，中国的革命实质上是农民革命，现在的抗日，实质上是农民的抗日。新民主主义的政治，实质上就是授权给农民。新三民主义，真三民主义，实质上就是农民革命主义。大众文化，实质上就是提高农民文化。抗日战争，实质上就是农民战争。现在是"上山主义"[26]的时候，大家开会、办事、上课、出报、著书、演剧，都在山头上，实质上都是为的农民。抗日的一切，生活的一切，实质上都是农民所给。说"实质上"，就是说基本上，并非忽视其他部分，这是斯大林自己解释过了的。中国有百分之八十的人口是农民，这是小学生的常识。因此农民问题，就成了中国革命的基本问题，农民的力量，是中国革命的主要力量。农民之外，中国人口中第二个部分就是工人。中国有产业工人数百万，有手工业工人和农业工人数千万。没有各种工业工人，中国就不能生活，因为他们是工业经济的生产者。没有近代工业工人阶级，革命就不能胜利，因为他们是中国革命的领导者，他们最富于革命性。在这种情形下，革命的三民主义，新三民主义或真三民主义，必然是农工政策的三民主义。如果有什么一种三民主义，它是没有农工政策的，它是并不真心实意扶助农工，并不实行"唤起民众"的，那就一定会灭亡。

由此可知，离开联俄、联共、扶助农工三大政策的三民主义，是没有前途的。一切有良心的三民主义者，必须认真地考虑到这点。

这种三大政策的三民主义，革命的三民主义，新三民主义，真三民主义，是新民主主义的三民主义，是旧三民主义的发展，是孙中山先生的大功劳，是在中国革命作为社会主义世界革命一部分的时代产生的。只有这种三民主义，中国共产党才称之为"中国今日之必需"，才宣布"愿为其彻底实现而奋斗"。只有这种三民主义，才和中国共产党在民主革命阶段中的政纲，即其最低纲领，基本上相同。

至于旧三民主义，那是中国革命旧时期的产物。那时的俄国是帝国主义的俄国，当然不能有联俄政策；那时国内也没有共产党，当然不能有联共政策；那时工农运动也没有充分显露自己在政治上的重要性，尚不为人们所注意，当然就没有联合工农的政策。因此，一九二四年国民党改组以前的三民主义，乃是旧范畴的三民主义，乃是过时了的三民主义。如不把它发展到新三民主义，国民党就不能前进。聪明的孙中山看到了这一点，得了苏联和中国共产党的助力，把三民主义重新作了解释，遂获得了新的历史特点，建立了三民主义同共产主义的统一战线，建立了第一次国共合作，取得了全国人民的同情，举行了一九二四年至一九二七年的革命。

旧三民主义在旧时期内是革命的，它反映了旧时期的历史特点。

但如果在新时期内，在新三民主义已经建立之后，还要翻那老套；在有了社会主义国家以后，要反对联俄；在有了共产党之后，要反对联共；在工农已经觉悟并显示了自己的政治威力之后，要反对农工政策；那末，它就是不识时务的反动的东西了。一九二七年以后的反动，就是这种不识时务的结果。语曰："识时务者为俊杰。"我愿今日的三民主义者记取此语。

如果是旧范畴的三民主义，那就同共产主义的最低纲领没有什么基本上相同之点，因为它是旧时期的，是过时了的。如果有什么一种三民主义，它要反俄、反共、反农工，那就是反动的三民主义，它不但和共产主义的最低纲领没有丝毫相同之点，而且是共产主义的敌人，一切都谈不上。这也是三民主义者应该慎重地考虑一番的。

但是无论如何，在反帝反封建的任务没有基本上完成以前，新三民主义是不会被一切有良心的人们放弃的。放弃它的只是那些汪精卫、李精卫之流。汪精卫、李精卫们尽管起劲地干什么反俄、反共、反农工的伪三民主义，自会有一班有良心的有正义感的人们继续拥护孙中山的真三民主义。如果说，一九二七年反动之后，还有许多真三民主义者继续为中国革命而奋斗，那末，在一个民族敌人深入国土的今天，这种人无疑将是成千成万的。我们共产党人将始终和一切真诚的三民主义者实行长期合作，除了汉奸和那班至死不变的反共分子外，我们是决不抛弃任何友人的。

一一　新民主主义的文化

上面，我们说明了中国政治在新时期中的历史特点，说明了新民主主义共和国问题。下面，我们就可以进到文化问题了。

　　一定的文化是一定社会的政治和经济在观念形态上的反映。在中国，有帝国主义文化，这是反映帝国主义在政治上经济上统治或半统治中国的东西。这一部分文化，除了帝国主义在中国直接办理的文化机关之外，还有一些无耻的中国人也在提倡。一切包含奴化思想的文化，都属于这一类。在中国，又有半封建文化，这是反映半封建政治和半封建经济的东西，凡属主张尊孔读经、提倡旧礼教旧思想、反对新文化新思想的人们，都是这类文化的代表。帝国主义文化和半封建文化是非常亲热的两兄弟，它们结成文化上的反动同盟，反对中国的新文化。这类反动文化是替帝国主义和封建阶级服务的，是应该被打倒的东西。不把这种东西打倒，什么新文化都是建立不起来的。不破不立，不塞不流，不止不行，它们之间的斗争是生死斗争。

　　至于新文化，则是在观念形态上反映新政治和新经济的东西，是替新政治新经济服务的。

　　如我们在第三节中已经提过的话，中国自从发生了资本主义经济以来，中国社会就逐渐改变了性质，它不是完全的封建社会了，变成了半封建社会，虽然封建经济还是占优势。这种资本主义经济，对于封建经济说来，它是新经济。同这种资本主义新经济同时发生和发展着的新政治力量，就是资产阶级、小资产阶级和无产阶级的政治力量。而在观念形态上作为这种新的经济力量和新的政治力量之反映并为它们服务的东西，就是新文化。没有资本主义经济，没有资产阶级、小资产阶级和无产阶级，没有这些阶级的政治力量，所谓新的观念形态，所谓新文化，是无从发生的。

新的政治力量，新的经济力量，新的文化力量，都是中国的革命力量，它们是反对旧政治旧经济旧文化的。这些旧东西是由两部分合成的，一部分是中国自己的半封建的政治经济文化，另一部分是帝国主义的政治经济文化，而以后者为盟主。所有这些，都是坏东西，都是应该彻底破坏的。中国社会的新旧斗争，就是人民大众（各革命阶级）的新势力和帝国主义及封建阶级的旧势力之间的斗争。这种新旧斗争，即是革命和反革命的斗争。这种斗争的时间，从鸦片战争算起，已经整整一百年了；从辛亥革命算起，也有了差不多三十年了。

但是如前所说，革命亦有新旧之分，在某一历史时期是新的东西，在另一历史时期就变为旧的了。在中国资产阶级民主革命的一百年中，分为前八十年和后二十年两个大段落。这两大段落中，各有一个基本的带历史性质的特点，即在前八十年，中国资产阶级民主革命是属于旧范畴的；而在后二十年，由于国际国内政治形势的变化，便属于新范畴了。旧民主主义——前八十年的特点。新民主主义——后二十年的特点。这种区别，在政治上如此，在文化上也是如此。

在文化上如何表现这种区别呢？这就是我们要在下面说明的问题。

一二 中国文化革命的历史特点

在中国文化战线或思想战线上，"五四"以前和"五四"以后，构成了两个不同的历史时期。

在"五四"以前，中国文化战线上的斗争，是资产阶级的新文化和封建阶级的旧文化的斗争。在"五四"以前，学校与科举之争[27]，新学与旧学之争，西学与中学之争，都带着这种性质。那时的所谓学校、新学、西学，基本上都是资产阶级代表们所需要的自然科学和资产阶级的社会政治学说（说基本上，是说那中间还夹杂了许多中国的封建余毒在内）。在当时，这种所谓新学的思想，有同中国封建思想作斗争的革命作用，是替旧时期的中国资产阶级民主革命服务的。可是，因为中国资产阶级的无力和世界已经进到帝国主义时代，这种资产阶级思想只能上阵打几个回合，就被外国帝国主义的奴化思想和中国封建主义的复古思想的反动同盟所打退了，被这个思想上的反动同盟军稍稍一反攻，所谓新学，就偃旗息鼓，宣告退却，失了灵魂，而只剩下它的躯壳了。旧的资产阶级民主主义文化，在帝国主义时代，已经腐化，已经无力了，它的失败是必然的。

"五四"以后则不然。在"五四"以后，中国产生了完全崭新的文化生力军，这就是中国共产党人所领导的共产主义的文化思想，即共产主义的宇宙观和社会革命论。五四运动是在一九一九年，中国共产党的成立和劳动运动的真正开始是在一九二一年，均在第一次世界大战和十月革命之后，即在民族问题和殖民地革命运动在世界上改变了过去面貌之时，在这里中国革命和世界革命的联系，是非常之显然的。由于中国政治生力军即中国无产阶级和中国共产党登上了中国的政治舞台，这个文化生力军，就以新的装束和新的武器，联合一切可能的同盟军，摆开了自己的阵势，向着帝国主义文化和封建文化展开了英勇的进攻。这支生力军在社会科学领域和文学艺术领域中，不论在哲学方面，在经济学方面，在政治学方面，在军事学方面，在历史学方面，在文学方面，在艺术方面（又不论是戏剧，是电影，是音乐,是雕刻,是绘画),都有了极大的发展。二十年来,这个文化新军的锋芒所向,从思想到形式(文字等),无不起了极大的革命。其声势之浩大,威力之猛烈,简直是所向无敌的。其动员之广大,超过中国任何历史时代。而鲁迅,就是这个文化新军的最伟大和最英勇的旗手。鲁迅是中国文化革命的主将,他不但是伟大的文学家,而且是伟大的思想家和伟大的革命家。鲁迅的骨头是最硬的,他没有丝毫的奴颜和媚骨,这是殖民地半殖民地人民最可宝贵的性格。鲁迅是在文化战线上,代表全民族的大多数,向着敌人冲锋陷阵的最正确、最勇敢、最坚决、最忠实、最热忱的空前的民族英雄。鲁迅的方向,就是中华民族新文化的方向。

在"五四"以前,中国的新文化,是旧民主主义性质的文化,属于世界资产阶级的资本主义的文化革命的一部分。在"五四"以后,中国的新文化,却是新民主主义性质的文化,属于世界无产阶级的社会主义的文化革命的一部分。

在"五四"以前,中国的新文化运动,中国的文化革命,是资产阶级领导的,他们还有领导作用。在"五四"以后,这个阶级的文化思想却比较它的政治上的东西还要落后,就绝无领导作用,至多在革命时期在一定程度上充当一个盟员,至于盟长资格,就不得不落在无产阶级文化思想的肩上。这是铁一般的事实,谁也否认不了的。

所谓新民主主义的文化,就是人民大众反帝反封建的文化;在今日,就是抗日统一战线的文化。这种文化,只能由无产阶级的文化思想即共产主义思想去领导,任何别的阶级的文化思想都是不能领导了的。所谓新民主主义的文化,一句话,就是无产阶级领导的人民大众的反帝反封建的文化。

一三　四个时期

文化革命是在观念形态上反映政治革命和经济革命，并为它们服务的。在中国，文化革命，和政治革命同样，有一个统一战线。

这种文化革命的统一战线，二十年来，分为四个时期。第一个时期是一九一九年到一九二一年的两年，第二个时期是一九二一年到一九二七年的六年，第三个时期是一九二七年到一九三七年的十年，第四个时期是一九三七年到现在的三年。

第一个时期是一九一九年五四运动到一九二一年中国共产党成立。这一时期中以五四运动为主要的标志。

五四运动是反帝国主义的运动，又是反封建的运动。五四运动的杰出的历史意义，在于它带着为辛亥革命还不曾有的姿态，这就是彻底地不妥协地反帝国主义和彻底地不妥协地反封建主义。五四运动所以具有这种性质，是在当时中国的资本主义经济已有进一步的发展，当时中国的革命知识分子眼见得俄、德、奥三大帝国主义国家已经瓦解，英、法两大帝国主义国家已经受伤，而俄国无产阶级已经建立了社会主义国家，德、奥（匈牙利）、意三国无产阶级在革命中，因而发生了中国民族解放的新希望。五四运动是在当时世界革命号召之下，是在俄国革命号召之下，是在列宁号召之下发生的。五四运动是当时无产阶级世界革命的一部分。五四运动时期虽然还没有中国共产党，但是已经有了大批的赞成俄国革命的具有初步共产主义思想的知识分子。五四运动，在其开始，是共产主义的知识分子、革命的小资产阶级知识分子和资产阶级知识分子（他们是当时运动中的右翼）三部分人的统一战线的革命运动。它的弱点，就在只限于知识分子，没有工人农民参加。但发展到六三运动[28]时，就不但是知识分子，而且有广大的无产阶级、小资产阶级和资产阶级参加，成了全国范围的革命运动了。五四运动所进行的文化革命则是彻底地反对封建文化的运动，自有中国历史以来，还没有过这样伟大而彻底的文化革命。当时以反对旧道德提倡新道德、反对旧文学提倡新文学为文化革命的两大旗帜，立下了伟大的功劳。这个文化运动，当时还没有可能普及到工农群众中去。它提出了"平民文学"口号，但是当时的所谓"平民"，实际上还只能限于城市小资产阶级和资产阶级的知识分子，即所谓市民阶级的知识分子。五四运动是在思想上和干部上准备了一九二一年中国共产党的成立，又准备了五卅运动[29]和北伐战争。当时的资产阶级知识分子，是五四运动的右翼，到了第二个时期，他们中间的大部分就和敌人妥协，站在反动方面了。

第二个时期，以中国共产党的成立和五卅运动、北伐战争为标志，继续了并发展了五四运动时三个阶级的统一战线，吸引了农民阶级加入，并且在政治上形成了这个各阶级的统一战线，这就是第一次国共两党的合作。孙中山先生之所以伟大，不但因为他领导了伟大的辛亥革命（虽然是旧时期的民主革命），而且因为他能够"适乎世界之潮流，合乎人群之需要"，提出了联俄、联共、扶助农工三大革命政策，对三民主义作了新的解释，树立了三大政策的新三民主义。在这以前，三民主义是和教育界、学术界、青年界没有多大联系的，因为它没有提出反帝国主义的口号，也没有提出反封建社会制度和反封建文化思想的口号。在这以前，它是旧三民主义，这种三民主义是被人们看成为一部分人为了夺取政府权力，即是说为了做官，而临时应用的旗帜，看成为纯粹政治活动的旗帜。在这以后，出现了三大政策的新三民主义。由于国共两党的合作，由于两党革命党员的努力，这种新三民主义便被推广到了全中国，推广到了一部分教育界、学术界和广大青年学生之中。这完全是因为原来的三民主义发展成了反帝反封建的三大政策的新民主主义的三民主义之故；没有这一发展，三民主义思想的传播是不可能的。

在这一时期中，这种革命的三民主义，成了国共两党和各个革命阶级的统一战线的政治基础，"共产主义是三民主义的好朋友"，两个主义结成了统一战线。以阶级论，则是无产阶级、农民阶级、城市小资产阶级、资产阶级的统一战线。那时，以共产党的《向导周报》[30]，国民党的上海《民国日报》[31]及各地报纸为阵地，曾经共同宣传了反帝国主义的主张，共同反对了尊孔读经的封建教育，共同反对了封建古装的旧文学和文言文，提倡了以反帝反封建为内容的新文学和白话文。在广东战争和北伐战争中，曾经在中国军队中灌输了反帝反封建的思想，改造了中国的军队。在千百万农民群众中，提出了打倒贪官污吏打倒土豪劣绅的口号，掀起了伟大的农民革命斗争。由于这些，再由于苏联的援助，就取得了北伐的胜利。但是大资产阶级一经爬上了政权，就立即结束了这次革命，转入了新的政治局面。

第三个时期是一九二七年至一九三七年的新的革命时期。因为在前一时期的末期，革命营垒中发生了变化，中国大资产阶级转到了帝国主义和封建势力的反革命营垒，民族资产阶级也附和了大资产阶级，革命营垒中原有的四个阶级，这时剩下了三个，剩下了无产阶级、农民阶级和其他小资产阶级（包括革命知识分子），所以这时候，中国革命就不得不进入一个新的时期，而由中国共产党单独地领导群众进行这个革命。这一时期，是一方面反革命的"围剿"，又一方面革命深入的时期。这时有两种反革命的"围剿"：军事"围剿"和文化"围剿"。也有两种革命深入：农村革命深入和文化革命深入。这两种"围剿"，在帝国主义策动之下，曾经动员了全中国和全世界的反革命力量，其时间延长至十年之久，其残酷是举世未有的，杀戮了几十万共产党员和青年学生，摧残了几百万工人农民。从当事者看来，似乎以为共产主义和共产党是一定可以"剿尽杀绝"的了。但结果却相反，两种"围剿"都惨败了。作为军事"围剿"的结果的东西，是红军的北上抗日；作为文化"围剿"的结果的东西，是一九三五年"一二九"青年革命运动的爆发。而作为这两种"围剿"之共同结果的东西，则是全国人民的觉悟。这三者都是积极的结果。其中最奇怪的，是共产党在国民党统治区域内的一切文化机关中处于毫无抵抗力的地位，为什么文化"围剿"也一败涂地了？这还不可以深长思之吗？而共产主义者的鲁迅，却正在这一"围剿"中成了中国文化革命的伟人。

反革命"围剿"的消极的结果，则是日本帝国主义打进来了。这就是为什么全国人民至今还是非常痛恨那十年反共的最大原因。

这一时期的斗争，在革命方面，是坚持了人民大众反帝反封建的新民主主义和新三民主义；在反革命方面，则是在帝国主义指挥下的地主阶级和大资产阶级联盟的专制主义。这种专制主义，在政治上，在文化上，腰斩了孙中山的三大政策，腰斩了他的新三民主义，造成了中华民族的深重的灾难。

第四个时期就是现在的抗日战争时期。在中国革命的曲线运动中，又来了一次四个阶级的统一战线，但是范围更放大了，上层阶级包括了很多统治者，中层阶级包括了民族资产阶级和小资产阶级，下层阶级包括了一切无产者，全国各阶层都成了盟员，坚决地反抗了日本帝国主义。这个时期的第一阶段，是在武汉失陷以前。这时全国各方面是欣欣向荣的，政治上有民主化的趋势，文化上有较普遍的动员。武汉失陷以后，为第二阶段，政治情况发生了许多变化，大资产阶级的一部分，投降了敌人，其另一部分也想早日结束抗战。在文化方面，反映这种情况，就出现了叶青、张君劢等人的反动和言论出版的不自由。

为了克服这种危机，必须同一切反抗战、反团结、反进步的思想进行坚决的斗争，不击破这些反动思想，抗战的胜利是无望的。这一斗争的前途如何？这是全国人民心目中的大问题。依据国内国际条件，不论抗战路程上有多少困难，中国人民总是要胜利的。全部中国史中，五四运动以后二十年的进步，不但赛过了以前的八十年，简直赛过了以前的几千年。假如再有二十年的工夫，中国的进步将到何地，不是可以想得到的吗？一切内外黑暗势力的猖獗，造成了民族的灾难；但是这种猖獗，不但表示了这些黑暗势力的还有力量，而且表示了它们的最后挣扎，表示了人民大众逐渐接近了胜利。这在中国是如此，在整个东方也是如此，在世界也是如此。

一四　文化性质问题上的偏向

一切新的东西都是从艰苦斗争中锻炼出来的。新文化也是这样，二十年中有三个曲折，走了一个"之"字，一切好的坏的东西都考验出来了。

资产阶级顽固派，在文化问题上，和他们在政权问题上一样，是完全错误的。他们不知道中国新时期的历史特点，他们不承认人民大众的新民主主义的文化。他们的出发点是资产阶级专制主义，在文化上就是资产阶级的文化专制主义。一部分所谓欧美派的文化人[32]（我说的是一部分），他们曾经实际赞助过国民党政府的文化"剿共"，现在似乎又在赞助什么"限共"、"溶共"政策。他们不愿工农在政治上抬头，也不愿工农在文化上抬头。资产阶级顽固派的这条文化专制主义的路是走不通的，它同政权问题一样，没有国内国际的条件。因此，这种文化专制主义，也还是"收起"为妙。

当作国民文化的方针来说，居于指导地位的是共产主义的思想，并且我们应当努力在工人阶级中宣传社会主义和共产主义，并适当地有步骤地用社会主义教育农民及其他群众。但整个的国民文化，现在也还不是社会主义的。

新民主主义的政治、经济、文化，由于其都是无产阶级领导的缘故，就都具有社会主义的因素，并且不是普通的因素，而是起决定作用的因素。但是就整个政治情况、整个经济情况和整个文化情况说来，却还不是社会主义的，而是新民主主义的。因为在现阶段革命的基本任务主要地是反对外国的帝国主义和本国的封建主义，是资产阶级民主主义的革命，还不是以推翻资本主义为目标的社会主义的革命。就国民文化领域来说，如果以为现在的整个国民文化就是或应该是社会主义的国民文化，这是不对的。这是把共产主义思想体系的宣传，当作了当前行动纲领的实践；把用共产主义的立场和方法去观察问题、研究学问、处理工作、训练干部，当作了中国民主革命阶段上整个的国民教育和国民文化的方针。以社会主义为内容的国民文化必须是反映社会主义的政治和经济的。我们在政治上经济上有社会主义的因素，反映到我们的国民文化也有社会主义的因素；但就整个社会来说，我们现在还没有形成这种整个的社会主义的政治和经济，所以还不能有这种整个的社会主义的国民文化。由于现时的中国革命是世界无产阶级社会主义革命的一部分，因而现时的中国新文化也是世界无产阶级社会主义新文化的一部分，是它的一个伟大的同盟军；这种一部分，虽则包含社会主义文化的重大因素，但是就整个国民文化来说，还不是完全以社会主义文化的资格去参加，而是以人民大众反帝反封建的新民主主义文化的资格去参加的。由于现时中国革命不能离开中国无产阶级的领导，因而现时的中国新文化也不能离开中国无产阶级文化思想的领导，即不能离开共产主义思想的领导。但是这种领导，在现阶段是领导人民大众去作反帝反封建的政治革命和文化革命，所以现在整个新的国民文化的内容还是新民主主义的，不是社会主义的。

在现时，毫无疑义，应该扩大共产主义思想的宣传，加紧马克思列宁主义的学习，没有这种宣传和学习，不但不能引导中国革命到将来的社会主义阶段上去，而且也不能指导现时的民主革命达到胜利。但是我们既应把对于共产主义的思想体系和社会制度的宣传，同对于新民主主义的行动纲领的实践区别开来；又应把作为观察问题、研究学问、处理工作、训练干部的共产主义的理论和方法，同作为整个国民文化的新民主主义的方针区别开来。把二者混为一谈，无疑是很不适当的。

由此可知，现阶段上中国新的国民文化的内容，既不是资产阶级的文化专制主义，又不是单纯的无产阶级的社会主义，而是以无产阶级社会主义文化思想为领导的人民大众反帝反封建的新民主主义。

一五　民族的科学的大众的文化

这种新民主主义的文化是民族的。它是反对帝国主义压迫，主张中华民族的尊严和独立的。它是我们这个民族的，带有我们民族的特性。它同一切别的民族的社会主义文化和新民主主义文化相联合，建立互相吸收和互相发展的关系，共同形成世界的新文化；但是决不能和任何别的民族的帝国主义反动文化相联合，因为我们的文化是革命的民族文化。中国应该大量吸收外国的进步文化，作为自己文化食粮的原料，这种工作过去还做得很不够。这不但是当前的社会主义文化和新民主主义文化，还有外国的古代文化，例如各资本主义国家启蒙时代的文化，凡属我们今天用得着的东西，都应该吸收。但是一切外国的东西，如同我们对于食物一样，必须经过自己的口腔咀嚼和胃肠运动，送进唾液胃液肠液，把它分解为精华和糟粕两部分，然后排泄其糟粕，吸收其精华，才能对我们的身体有益，决不能生吞活剥地毫无批判地吸收。所谓"全盘西化"[33]的主张，乃是一种错误的观点。形式主义地吸收外国的东西，在中国过去是吃过大亏的。中国共产主义者对于马克思主义在中国的应用也是这样，必须将马克思主义的普遍真理和中国革命的具体实践完全地恰当地统一起来，就是说，和民族的特点相结合，经过一定的民族形式，才有用处，决不能主观地公式地应用它。公式的马克思主义者，只是对于马克思主义和中国革命开玩笑，在中国革命队伍中是没有他们的位置的。中国文化应有自己的形式，这就是民族形式。民族的形式，新民主主义的内容——这就是我们今天的新文化。

这种新民主主义的文化是科学的。它是反对一切封建思想和迷信思想，主张实事求是，主张客观真理，主张理论和实践一致的。在这点上，中国无产阶级的科学思想能够和中国还有进步性的资产阶级的唯物论者和自然科学家，建立反帝反封建反迷信的统一战线；但是决不能和任何反动的唯心论建立统一战线。共产党员可以和某些唯心论者甚至宗教徒建立在政治行动上的反帝反封建的统一战线，但是决不能赞同他们的唯心论或宗教教义。中国的长期封建社会中，创造了灿烂的古代文化。清理古代文化的发展过程，剔除其封建性的糟粕，吸收其民主性的精华，是发展民族新文化提高民族自信心的必要条件；但是决不能无批判地兼收并蓄。必须将古代封建统治阶级的一切腐朽的东西和古代优秀的人民文化即多少带有民主性和革命性的东西区别开来。中国现时的新政治新经济是从古代的旧政治旧经济发展而来的，中国现时的新文化也是从古代的旧文化发展而来，因此，我们必须尊重自己的历史，决不能割断历史。但是这种尊重，是给历史以一定的科学的地位，是尊重历史的辩证法的发展，而不是颂古非今，不是赞扬任何封建的毒素。对于人民群众和青年学生，主要地不是要引导他们向后看，而是要引导他们向前看。

这种新民主主义的文化是大众的，因而即是民主的。它应为全民族中百分之九十以上的工农劳苦民众服务，并逐渐成为他们的文化。

要把教育革命干部的知识和教育革命大众的知识在程度上互相区别又互相联结起来，把提高和普及互相区别又互相联结起来。革命文化，对于人民大众，是革命的有力武器。革命文化，在革命前，是革命的思想准备；在革命中，是革命总战线中的一条必要和重要的战线。而革命的文化工作者，就是这个文化战线上的各级指挥员。"没有革命的理论，就不会有革命的运动"[34]，可见革命的文化运动对于革命的实践运动具有何等的重要性。而这种文化运动和实践运动，都是群众的。因此，一切进步的文化工作者，在抗日战争中，应有自己的文化军队，这个军队就是人民大众。革命的文化人而不接近民众，就是"无兵司令"，他的火力就打不倒敌人。为达此目的，文字必须在一定条件下加以改革，言语必须接近民众，须知民众就是革命文化的无限丰富的源泉。

民族的科学的大众的文化，就是人民大众反帝反封建的文化，就是新民主主义的文化，就是中华民族的新文化。

新民主主义的政治、新民主主义的经济和新民主主义的文化相结合，这就是新民主主义共和国，这就是名副其实的中华民国，这就是我们要造成的新中国。

新中国站在每个人民的面前，我们应该迎接它。

新中国航船的桅顶已经冒出地平线了，我们应该拍掌欢迎它。

举起你的双手吧，新中国是我们的。

注释

〔1〕《中国文化》是1940年2月在延安创刊的杂志，1941年8

月终刊。

〔2〕"政治是经济的最集中的表现"一语，见列宁《论工会、目前局势及托洛茨基同志的错误》(《列宁全集》第40卷，人民出版社1986年版，第212页)。

〔3〕见马克思《〈政治经济学批判〉序言》(《马克思恩格斯选集》第2卷，人民出版社1972年版，第82页)。

〔4〕见马克思《关于费尔巴哈的提纲》。新的译文是："哲学家们只是用不同的方式解释世界，而问题在于改变世界。"(《马克思恩格斯选集》第1卷，人民出版社1972年版，第19页)

〔5〕见《毛泽东选集》第1卷(人民出版社1991年版)《论反对日本帝国主义的策略》注〔35〕。

〔6〕见《毛泽东选集》第1卷(人民出版社1991年版)《论反对日本帝国主义的策略》注〔36〕。

〔7〕见《毛泽东选集》第2卷(人民出版社1991年版)《中国革命和中国共产党》注〔19〕。

〔8〕见《毛泽东选集》第1卷《矛盾论》注〔22〕。

〔9〕见《毛泽东选集》第2卷(人民出版社1991年版)《论持久战》注〔12〕。

〔10〕见《毛泽东选集》第1卷(人民出版社1991年版)《湖南农民运动考察报告》注〔3〕。

〔11〕见《毛泽东选集》第1卷(人民出版社1991年版)《实践论》注〔6〕。

〔12〕见斯大林《十月革命和民族问题》(《斯大林选集》上卷，

人民出版社1979年版，第126页）。

〔13〕见《毛泽东选集》第1卷（人民出版社1991年版）《论反对日本帝国主义的策略》注〔31〕。

〔14〕参见列宁《帝国主义是资本主义的最高阶段》（《列宁全集》第27卷，人民出版社1990年版，第437页）。

〔15〕指蒋介石叛变革命以后国民党政府所进行的一系列的反苏运动：1927年12月13日国民党反动派枪杀广州苏联副领事；同月14日，南京国民党政府下"绝俄令"，不承认各省苏联领事，勒令各省苏联商业机构停止营业。1929年7月蒋介石又受帝国主义的唆使，在东北向苏联挑衅，不久引起军事冲突。

〔16〕基马尔，又译凯末尔（1881—1938），第一次世界大战后土耳其民族商业资产阶级的代表。在第一次世界大战后，英帝国主义指使希腊对土耳其进行武装侵略，土耳其人民得到苏俄的援助，于1922年战胜了希腊军队。1923年，土耳其建立了资产阶级专政的共和国，基马尔被选为总统。

〔17〕1958年9月2日，毛泽东在同巴西记者马罗金和杜特列夫人谈话时对这个观点作了修正。他指出：在《新民主主义论》中讲到，第二次世界大战爆发以后，殖民地和半殖民地的资产阶级，要就是站在帝国主义战线方面，要就是站在反帝国主义战线方面，没有其他的道路。事实上，这种观点只适合于一部分国家。对于印度、印度尼西亚、阿拉伯联合共和国（按：阿拉伯联合共和国，一九五八年由埃及同叙利亚合并组成。1961年叙利亚脱离阿联，成立阿拉伯叙利亚共和国。1971年，阿联改名为阿拉伯埃及共和国）等国家却不适用，它们是

民族主义国家。拉丁美洲也有许多这样的国家。这些国家既不站在帝国主义的一边，也不站在社会主义的一边，而站在中立的立场，不参加双方的集团，这是适合于它们现时的情况的。

〔18〕见《毛泽东选集》第2卷（人民出版社1991年版）《必须制裁反动派》注〔5〕。

〔19〕毛泽东在这里是指张君劢及其一伙。张君劢在五四运动后宣扬一种自称为"新玄学"的唯心主义的哲学思想，提倡自孔孟以至宋明理学的所谓"精神文明"，同时又鼓吹"自由意志"，1923年引起了一场"科学与玄学"的争论，当时张君劢被称为"玄学鬼"。1938年12月，他经蒋介石授意，发表《致毛泽东先生一封公开信》，主张取消八路军、新四军及陕甘宁边区，要求"将马克思主义暂搁一边"，为蒋介石张目。

〔20〕见1937年9月22日发表的《中共中央为公布国共合作宣言》。

〔21〕见1924年孙中山《三民主义·民生主义》第二讲（《孙中山全集》第9卷，中华书局1986年版，第386页）。

〔22〕1933年，国民党中央组织部部长陈立夫发表《唯生论》一书，宣扬宇宙的实质是"生命之流"，万物的根本问题在于"求生"，用来反对阶级斗争的学说；并认为宇宙万物各有一个重心，以人类社会现象来说，就是只能有一个领袖，否则就无法维持其均衡和生存。这种唯生主义的理论是为国民党反动派实行法西斯专政服务的。

〔23〕山西军阀阎锡山曾标榜过"按劳分配"的口号。其主要内容是：用军事方法强迫劳动人民在村公所控制的固定份地上，或官办

的工厂、商店里，从事农奴式的劳动，只将很小一部分劳动果实，按劳动情况分配给劳动者。

〔24〕汪精卫在1927年叛变革命之后不久写过一篇东西，题为《夹攻之奋斗》（载1927年7月25日《汉口民国日报》）。

〔25〕1925年3月30日，斯大林在共产国际执行委员会南斯拉夫委员会会议上的演讲《论南斯拉夫的民族问题》中说："……农民是民族运动的主力军，没有农民这支军队，就没有而且也不可能有声势浩大的民族运动。所谓民族问题实质上是农民问题，正是指这一点说的。"（《斯大林全集》第7卷，人民出版社1958年版，第61页）

〔26〕在中国共产党内，曾经有些教条主义者讥笑毛泽东注重农村革命根据地为"上山主义"。毛泽东在这里是用教条主义者的这句讽刺话，说明农村革命根据地的伟大作用。

〔27〕"学校"指当时效法欧美资本主义国家的教育制度。"科举"指中国原有的封建考试制度。19世纪末，中国提倡"维新"的知识分子主张废除科举，兴办学校；封建顽固派竭力反对这种主张。

〔28〕1919年的五四爱国运动，至6月初转入一个新的阶段，以6月3日北京学生反抗军警镇压，集会讲演开始，由学生的罢课，发展到上海、南京、天津、杭州、武汉、九江及山东、安徽各地的工人罢工，商人罢市。五四运动至此遂成为有无产阶级、城市小资产阶级和民族资产阶级参加的广大群众运动。

〔29〕见《毛泽东选集》第1卷（人民出版社1991年版）《中国社会各阶级的分析》注〔9〕。

〔30〕《向导》周报是中共中央的机关报，1922年9月13日在上

海创刊，1927年7月18日在武汉终刊。

〔31〕上海《民国日报》于1916年1月创刊，国民党一大后正式成为国民党的机关报。在中国共产党的影响和国民党左派的努力下，曾经宣传过反对帝国主义和反对封建主义的主张。1925年11月以后，曾被西山会议派把持，成为国民党右派的报纸。1947年停刊。

〔32〕毛泽东在这里所说的一部分欧美派文化人是指以胡适等为代表的一些人物。

〔33〕所谓"全盘西化"，是一部分资产阶级学者的主张。他们主张中国一切东西都要完全模仿欧美资本主义国家。

〔34〕见列宁《俄国社会民主党人的任务》(《列宁全集》第2卷，人民出版社1984年版，第443页)；并见列宁《怎么办？》第一章第四节(《列宁全集》第6卷，人民出版社1986年版，第23页)。

后记

新民主主义理论在毛泽东思想的整个理论体系中占有极为重要的地位，它是以毛泽东同志为主要代表的中国共产党人把马克思主义的普遍原理与中国革命的具体实际相结合的产物。以毛泽东同志为主要代表的中国共产党人，坚持马克思主义中国化的思想原则，深入研究中国革命的特点和规律，逐步形成了一套适合中国国情的理论、路线、方针、政策，创造性地提出了新民主主义理论，为近代中国革命的成功提供了重要的理论指导。《新民主主义论》的发表是新民主主义理论形成的重要标志，是马克思主义的经典著作之一。

重视学习经典是我们党的优良传统之一。在抗日战争时期，为了加强理论学习，毛泽东曾向党的七大代表提出要读五本马列主义的书。这五本书分别是《共产党宣言》《社会主义从空想到科学的发展》《社会民主党在民主革命中的两种策略》《共产主义运动中的"左派"幼稚病》《联公布党史简明教程》。在解放战争时期，在党的七届二中全会上，毛泽东又向党的干部提出了要读12本马克思列宁主义经典著作的要求，要求干部在学习问题上形成共识。2011年5月13日，时任中共中央党校校长的习近平同志在当年春季学期第二批进修班开学典礼的讲话中强调，领导干部要重视学习马克思主义经典著作。学习马克思主义经典著作，很重要的是学习毛泽东同志的重要著作。毛泽东的重要著作之一就是《新民主主义论》，这部著作科学总结了鸦片战争特别是中国共产党成立后中国革命的经验教训，全面论述了我们党领导的新民主主义革命的理论。2013年3月1日，习近平总书记在中共中央党校开学典礼上再次强调了学习的重要性。他指出，我们的干部要上进，我们的党要上进，我们的国家要上进，我们的民族要上进，就必须大兴学习之风，坚持学习、学习、再学习，坚持实践、实践、再实践。全党同志特别是各级领导干部都要有加强学习的紧迫感，都要一刻不停地增强本领。①

今天，在中国特色社会主义理论体系的指导下，我们成功开辟了中国特色社会主义道路，在全面建设社会主义现代化国家的新征程上迈步前进。但是这一切仍有一个重要的前提，那就是当年中国共产党领导人民取得的新民主主义革命的成功。学习《新民主主义论》，不仅有助于我们从源头上完整正确地理解中国特色社会主义理论体系，也有助于我们真正认识到在今天要把全面建设社会主义现代化国家推向深入，必须立足当下，从当前中国的实际出发。

如何学习《新民主主义论》这篇马克思主义的经典著作呢？毫无疑问，最好的办法是阅读最原始的文本。但是，由于专业知

---

① 参见《在全党大兴学习之风　依靠学习和实践走向未来》，《人民日报》2013年3月2日。

后　记

识、时间、精力等诸多方面条件的限制，许多人不具备这个条件。比如，《新民主主义论》已经发表了半个多世纪，许多人对当年发表的背景知识并不清楚。在历史演进的过程中，《新民主主义论》还出现过不同的版本，各个版本有什么不同？为什么要做这样那样的修改？哪个版本才是最经典的版本？在这样的情况下，让非专业的党政干部和初学者去读此原著就可能收效甚微。有鉴于此，笔者在借鉴前人研究成果的基础上编写了这本书，希望能对广大党员干部和青年学生在学习《新民主主义论》这篇经典著作时起到一定帮助作用。

由于作者的水平有限，书中的错漏之处在所难免，恳请广大读者朋友不吝赐教。

韩晓青
2022年3月于中共中央党校（国家行政学院）